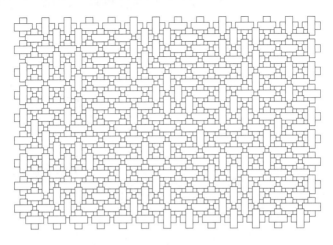

世界一わかりやすい「インバスケット思考」

鳥原隆志

講談社＋α文庫
プラスアルファ

はじめに　インバスケット思考を身につけるメリット

インバスケット思考とは

私がインバスケットに出会ったのは33歳の時でした。

当時、私は大手流通企業で会社員をしており、上司から管理職昇格試験を受けてみないかと言われました。その管理職昇格試験の中にインバスケットが入っていたのです。

初めてインバスケットを受けた時のショックはいまも忘れられません。

最もショックだったのは、できると思っていたことが実際にはできなかったことです。

たとえば判断力。自分はてきぱきと判断ができる自信がありました。仕事の進め方も人よりはできているし、部下や周りとの接し方も合格レベルだと思っていました。しかし、それらが実際には全くできていないことを、インバスケットの回答は物語っていました。

こうして根拠のない自信を打ち砕かれたのが、インバスケット・トレーニングを始めたきっかけでした。

限られた時間の中でより高い成果を出す思考法。これが「インバスケット思考」です。

インバスケット思考を実践するには、大きく10個の能力をバランスよく発揮することが大事です。10個とは問題発見力、計画組織力、問題分析力、当事者意識、創造力、ヒューマンスキル、意思決定力、生産性、洞察力、優先順位設定力です。

たとえば、問題を的確にとらえる問題発見力が発揮されていても、それに対して仮説を立てたり、裏付けを取る問題分析力が発揮されていないと良い判断ができません。

そこで、このインバスケットというツールで、自分自身のどの能力が発揮できていないのかを知り、改善することで、限られた時間の中でより高い成果を上げていくのです。

私はすでに1万名以上の方のインバスケットの回答を通して、判断スタイルや仕事の進め方を分析してきました。その経験によれば平常時に正しい判断ができたとしても、有事の際に正しい判断ができない方が多いのです。

つまり、インバスケット思考は、より限られた時間の中や少ない情報の中など極限状況でも正しい判断ができることを目指します。

これはトレーニング次第で十分可能ですし、実際多くの経営者やリーダーたちはこのインバスケットを自主的にトレーニングしています。

大手企業の多くでインバスケットが管理職やリーダーの登竜門として昇格試験で採用されているのは、そのためです。

ぜひあなたもインバスケットに挑戦して、インバスケット思考を身につけてください。

アメリカ空軍で生まれたインバスケット

冒頭から「インバスケット」という言葉を説明なしに使ってきましたが、ここでインバスケットについてお話ししていきましょう。

インバスケットを直訳すると「未処理箱」となります。

まだ決裁されていない書類やメモなどが入った箱のことをいいます。現代風にたとえると、未開封のメールがたくさん入った受信ボックスのイメージです。

それらを、限られた時間内に架空の人物の立場になりきり、より精度高く処理するビジネスシミュレーションゲームです。

インバスケットは1950年代にアメリカ空軍で活用され始めたと言われています。

当時、士官やパイロットを教育機関で教育し戦場に派遣していたのですが、教育を受けたはずの士官やパイロットが現場で失敗をしてしまうことから研究が行われ、その結果、一つの結論にたどり着きました。

「知っていること」と「実際に活用できること」は違うという結論です。

ここから、身につけた知識やスキルが実際に使えるかどうかを測定するツールが必要とされてインバスケットが生まれたという説が有力です。

日本では、1980年代から大企業が幹部登用や管理職登用でインバスケットをテストとして活用しはじめ、2000年には多くの企業で昇格試験として活用されていました。

私も昇格試験としてこのインバスケットに出会ったのですが、私はテストとしての側面よりも、トレーニングツールとして活用できないかと考えていました。

そこで、テスト用のインバスケットを改良して、トレーニング用のインバスケットを開発しました。当時は120分や90分の問題が主流だったのですが、これだとトレーニングには所要時間が長すぎて向いていないことから、60分の問題を開発し、トレーニングプログラムも開発しました。

いまは管理職向けのインバスケットだけではなく、学生向けのインバスケットや即時に点数が出るシステム型のインバスケットなどを開発し、インバスケットを教育できるトレーナーも50名以上輩出しています。

このように広がりを見せるインバスケットですが、基本はすべて同じです。結果に至るまでのプロセスを評価し、足りないプロセスに気づいていただくという原則は、何ら変わりはありません。

インバスケットの特徴とルール

ここまで概論をお話ししましたので、次に実際のインバスケットの特徴とルールをお話ししたいと思います。

インバスケットは、おそらくあなたがお受けになったいままでのテストとは、全く異なるものだと思います。

大きな特徴が4つあります。

1つ目は、あなたのいまの仕事とは全く違う設定になっており、その主人公になりきらなくてはならないことです。百貨店のマネジャーだったり、架空のプロジェクトチームリーダーだったりと、受験者の実際の仕事とは異なる仕事を行う設定になっています。

これは、いま実際にしている仕事と同じだと、経験やテクニックが邪魔をして、受験者の行動パターンや判断スタイルを正確に測定できないからです。

2つ目は、時間の制限が短く設定されていることです。もちろんすべて処理をされる方もいらっしゃいますが、多くの方にとっては、すべての案件を十分処理するには足りない時間設定になっているのです。

これは、限られた時間の中で、どのような案件の優先順位を高くし、どのような処理を進めていくのかを評価するためです。本書では60分で20の案件を処理していただく設定になっています。

3つ目は、与えられた案件に対し、自分自身が対応できない設定になっていることです。今回の主人公は、このの ち社内監査で4日ほど全く外部と連絡が取れません。これだけ通信環境が良い時代で現実味がないという声もごもっともなのですが、この設定にも理由があります。

リーダーは、自分自身が汗をかき目標達成するよりも、部下や周りの組織を巻き込んで処理をすることが望まれています。そこで、部下や周りの組織などにどのような指示や伝達をするのか、コミュニケーションの取り方などを評価する意図があるのです。

最後にインバスケット最大の特徴として、インバスケットには絶対的な正解がないという点が挙げられます。

いままで受けてこられたテストの多くには正解があり、その正解と自分の解答の違いを見ることができましたが、インバスケットにはそもそも正解が存在しません。

これはインバスケットが、その案件に対してどのような判断をしたのか、という結果に対して評価をするものではなく、「結果に至るまでのプロセス（経緯）」を評価するものだからです。

たとえば、ある人が豪華客船ツアーに申し込んだとしましょう。この判断は正しい判断か？　それとも誤った判断か？

この判断が正しいかどうかはわかりません。その人が将来にわたり「よかった」と思うのであればよい判断かもしれませんし、「申し込まなければよかった」と思えばよくない判断になるでしょう。つまり、判断の良し悪しは検証できません。

しかし、判断に至るまでのプロセスは評価することができます。豪華客船ツアーに参加する代金を払えるか、自分の収入と見比べるプロセスがあったのか（問題発見力）、そのツアーの安全性について十分な情報収集を行ったのか（問題分析力）、などです。

インバスケットはこのように、その案件にどのような判断をしたのかは評価しません。代わりに、どのような点に問題意識を持ったのか、どのような情報をどのような方法で収集したのかなどのプロセスを評価するツールなのです。

ですから、いまから皆さんに挑戦していただくインバスケットも「このような判断が正解」という絶対的な正解はないのです。

これらがインバスケットの特徴ですが、何よりインバスケットはゲームです。あまりカタくならないで、以下のルールだけを守って楽しんでください。

【ルール1】主人公になりきる

ストーリーを読んで、あなたは主人公になりきり、その後についているインバスケット問題の20案件に、「自分が主人公ならどのような行動をするか」という姿勢で取り組んでください。いまお勤めの会社のルールや方針、慣習などは一度すべてリセットして、あたかも主人公の会社に転職したかのように取り組んでください。

仕事だけではなく、プライベートに関する問題も入っています。あなたの実際の家族や友人関係などのプライベートもこの時間だけ忘れて、主人公になりきってください。

【ルール2】時間を意識する

20案件にかけられる制限時間は60分です。時間計測が可能な環境であれば、時間制限の中で案件処理を行ってください。限られた時間内でインバスケットに取り組むほうが、よりあなたの行動を正確に表すことができるからです。通勤などの時間でお読みの方は、60分で処理しているつもりで時間を意識しながら取り組んでください。

【ルール3】絶対的な正解は存在しない

先ほど書いたように、絶対的な正解は存在しません。ですから、解説編を意識しながら回答したり、なにが正解かにこだわったりすることなく、いつものあなたを出しきるイメージで書いてください。

【ルール4】回答の書き方は伝達式

回答の書き方は、実際に相手にメールやメモを返すように書いてください。「私は、この依頼を許可する」などの箇条書きではなく、「○○さん　了解しました。今回のご依頼は許可いたします」などと、あなた（主人公）と相手との関係に即して、メールやメモを書かれるように書いていただければと思います。

インバスケットは仕事だけではない

いままで私は25冊以上のインバスケット本を書いてきましたが、本書にはいままでにない新しいインバスケット問題を掲載しています。プライベートで大きな選択を迫られるシーンを織り交ぜているのです。

これまでのインバスケットはビジネスの世界に特化していましたが、インバスケット思考はビジネスだけでなくプライベートにも大きく影響する考え方であることを知ってほしいからです。

ではインバスケットの世界に入っていきましょう。

※本書に掲載されている問題は「プライベートの要素を含むインバスケット問題」であり、通常のインバスケット問題とは異なります。

※本書はインバスケットを体験するものであり、昇格試験対策ではありません。昇格試験の結果に対してはご自身で責任をお持ちください。

もくじ

はじめに　インバスケット思考を身につけるメリット

インバスケット思考とは　3
アメリカ空軍で生まれたインバスケット　6
インバスケットの特徴とルール　8
インバスケットは仕事だけではない　13

1　物語編その1　23

インバスケットの注意事項　63

2　解説編

時間内に成果を出すのが仕事　114
生産性　123

案件1 専務からの通達「売上目標を必達せよ！」 127
組織は方針を咀嚼して部下に伝える人材を求める【意思決定力】
組織はキーパーソンを見抜き信頼関係を築く人材を求める【組織活用力】
案件2 休日返上の朝市、続けるべきか？ 133
組織は情報を活用できる人材を求める【問題分析力】
組織はバイアスのない判断ができる人材を求める【意思決定力】
案件3 後輩就活生、突然のOB訪問依頼 141
組織は部下や周りに配慮できる人材を求める【ヒューマンスキル】
組織は枠組みを破った発想を持つ人材を求める【創造力】
案件4 従業員休憩室のカレンダー、「評価はBです」 147
組織は部下に任せることのできる人材を求める【計画組織力】

案件5
「私、実はヘッドハント専門の人材紹介会社でして」 151
組織は比較検討できる人材を求める【問題分析力】
組織は交渉で成果を上げることのできる人材を求める【計画組織力】
案件6
注文と異なる商品を「ご霊前」で誤送！ 157
組織は大きな方向性を提示できる人材を求める【意思決定力】
組織は全体を網羅できる人材を求める【洞察力】
組織は問題を未然に防ぐ人材を求める【問題発見力】
案件7
上司から来た2ヵ月後の異動の話 165
組織は相手を受け入れることができる人材を求める【ヒューマンスキル】
組織は情報を組み合わせて複合的に考える人材を求める【洞察力】
案件8
誤送の原因がわかった！ 171
組織は原因を究明できる人材を求める【問題分析力】

組織は主体性を持った人材を求める【当事者意識】
組織は「確認」ができる人材を求める【問題分析力】

案件9 予約おせち苦戦、「非協力的な社員は許せません」 179
組織は部下を評価できる人材を求める【ヒューマンスキル】
組織は部下に指導できる人材を求める【ヒューマンスキル】
組織は隠れたリスクを見抜く人材を求める【問題発見力】

案件10 今なら無料でメールサーバ容量アップ! 187
組織は重要度を見極めることができる人材を求める【優先順位設定力】

案件11 「会社のあまりの急転換に現場は戸惑いますよね」 191
組織は他部署との信頼構築ができる人材を求める【計画組織力】

案件12 セールの売場写真はありませんか? 195
組織は情報をさばける人材を求める【問題分析力】

案件13 出張販売OK、販売目標はタラバガニ50箱 199
組織は部下の支援体制の構築ができる人材を求める【計画組織力】
組織はチャンスを最大に活かす人材を求める【創造力】

案件14 従業員に商品を購入させるのは問題では？ 207
組織は潜在的な問題点を見つける人材を求める【問題発見力】
組織は感情を表現できる人材を求める【感受性】

案件15 「利益を飛ばしてでも一泡吹かせてやりましょう」 213
組織は方針を徹底できる人材を求める【計画組織力】
組織は戦略家を求める【戦略立案力】

案件16 妹の連絡は母親のけが 219
組織は高度な情報収集ができる人材を求める【問題分析力】
組織は外部組織も有効に使える人材を求める【計画組織力】

組織は周りを励ます人材を求める【ヒューマンスキル】
案件17 売り上げ達成、「冴木店長のような店長になりたい」 227
組織は目標を再設定できる人材を求める【計画組織力】
案件18 リストラ退職 231
組織は根拠を明確にして判断する人材を求める【意思決定力】
案件19 「本社の然るべき部署に連絡する！（怒）」 235
組織は根回しのできる人材を求める【計画組織力】
組織は助言をしたり、助言を求めたりする人材を求める【問題分析力】
案件20 「目新し感」がない手抜きフェア 241
組織は仮説を立てることのできる人材を求める【問題分析力】
組織は会議を有効に活用できる人材を求める【計画組織力】

3　物語編その2　245
4　インバスケットでできる自分改革
インバスケットの攻略法　262
インバスケットを継続的にトレーニングする方法　268
インバスケットの効果　271
実践に活かせるインバスケット　274
おわりに　人生を変えるインバスケット　277

転職
ヘッド
ハンティング
異動
売り上げ
戦略
身の上
相談
監査
クレーム
リスト
販売計画
部下
昇進

1 物語編その1

1

「来月末をもって、当店を閉店とします」

全員が唖然とした顔になった。女性社員だけでなく男性社員のすすり泣く声までがホールにこだました。

俺は店長の閉店宣言を、まだ現実として受け入れることができず、呆然と聞いていた。

店長は閉店の理由を、店舗の老朽化と郊外に出店したショッピングモールの影響と言葉に詰まりながら話していた。

ホールに集まった147名の老舗百貨店、越後屋燕三条店の全従業員はその場で、事実上の解雇通告を受けることになった。

俺の頭の中には「どうしてだ」という疑問と同時に、「仕方がないな」という冷静な考えが居座っていた。

俺が入社した15年前の越後屋は、まるでテーマパークのような賑わいだったが、客足が遠のいているのは、店頭に立つ販売員なら誰もが実感していた。

決定的な客離れを実感したのは、バイパス沿いにショッピングモールができてからだ。

越後屋のテナントの2割がそちらに移り、店の中はあっという間にシャッター商店街のようになった。百貨店はイメージが売りだから、客がそれを見てまた減る。そしてまたテナントが抜けていく。

テナントを管理する開発部は、シャッターよりはいいだろうと、躍起になって手あたり次第にテナントを入れだした。

百円均一、よくわからない健康器具販売……ゆりのマークで慕われた高貴なイメージの越後屋にそぐわないのは誰しもわかっていたが、まるで難破した船のようになっていたのかもしれない。

そういえば閉店3日前に俺が管理部長に「フロアガイドがない」と言うと、複雑な顔をしながら、白黒のコピーを俺に渡した。幹部は閉店をすでに知っていたことにいまになって気づいた。

——これが3年前、俺の人生を大きく変えた出来事だ。

そして俺はいま子会社のスーパー、マルトモ北上店の店長をしている。店長といっても従業員は20人ほど。どこにでもある家庭の冷蔵庫代わりのような店だ。

越後屋燕三条店の閉店の際には、別の店に異動だろうとタカをくくっていたのだが、越後屋全体でも売り上げが低迷し、人員余剰でリストラが行われた。

当時の上司からは2つ提案された。その1つがいまの仕事だ。子会社のスーパーが経営不振だから君の力で立てなおしてくれ、と手を握られた。

それが言葉どおりの意味でないのはよくわかっている。そしてこうも告げられた。

ダメなら、いい人材派遣会社を紹介する。

これが2つ目の提案だ。

そんなことならこっちから辞めてやる、と啖呵を切ってもよかったが、そうもいかない理由があった。

実は妻も、この百貨店で働いていた。といってもテナントの従業員であるが。

つまり、ダブル失業の危機だったというわけだ。

その頃の俺の手取りは30万を切るくらい。家のローンや子供の学費を考えると、妻の収入がないと、毎月貯金をすり減らしていくことになる。収入の確保が第一という夫婦会議の結論が優先され、俺はいまの店でまず副店長として仕事をすることになった。

いまでも思い出す。初日、スーツで出勤すると周りの従業員から異様なものを見る目で見られたことを。

その後、革靴はスニーカーに、スーツはエプロンに、ポケットにはその日のチラシを入れて仕事をすることになった。


「副店長！　もう何やっているの。その豆腐は木綿でしょ。そこは絹じゃない。そこに置いちゃダメ」

ベテランパートさんにこのように叱られて、俺はアルバイトのような毎日を過ごしていた。何せ百貨店とは時間の流れが全く違う。とにかく補充、補充である。しかも百貨店の頃は1つ売れると数万円だったのが、こっちは1つ売って数百円だから、同じ売り上げを取ろうと思ったら100倍動かなければならないというわけだ。

労働時間も長い。早番遅番はあるのだが、管理職は基本、朝から晩まで。朝から晩までという表現を元百貨店の同僚との会話で使うと、なんだ百貨店と変わらないじゃない、と言われたが、スーパーの「朝から晩まで」は百貨店とは比べものにならない。

百貨店は早くて8時出勤、閉店は20時。特別なことがない限り21時には帰る。ところが、スーパーはトラックが品物を持ってくるところから始まるので、7時出勤。9時開店の23時閉店。下手すると日付をまたいで店を出ることもある。

過酷な職場ではあるが、しかし悪くないこともある。

百貨店は客が来れば売るという待ちの商売であるのに対し、スーパーは、とにかく競争だ。ライバル店がキャベツ1個128円ならこっちは118円に値段を書き換える。客を他店から奪い取る熾烈《しれつ》な競争をしているのだ。だから結果が出やすい。

毎日使うものだから、客の来店頻度も高い。仕掛けをするとそれだけ反応があり、すぐ数値に返ってくる。

競争は闘争心をくすぐる。これが楽しいのだ。

うちの店の近くでは、衣料品や家具なども置いている大型スーパー、そしてうちと同じ規模の安富屋がライバルになっている。特に安富屋は、とにかく安さを前面に出して、主婦が喜びそうな卵や牛乳、醬油などでバンバン安売りを仕掛けてくる。質よりも安さに敏感な奥様方は、あっという間に引き寄せられている。

安富屋との距離は、信号を挟んで200メートル。よくうちの店に安富屋の袋を持った客が来る。それを見て俺は当時の店長に提案した。相手が安売りなら、こっちは品質で勝負しよう。

安さ同士の対決になると、喜ぶのは客だけで、売り手は利益の削りあいで消耗する。

これでは相手に勝ったとしても、店が潰《つぶ》れてしまう。

「安売りからの脱却」

これが北上店を生き返らせた。

徹底的に鮮度にこだわり、品ぞろえも百貨店に置いているような商品をバイヤーに頼んでおいた。安富屋がバナナ1房100円で売るのなら、こちらは1本100円の高級バナナを売る。あちらが卵ワンパック100円で売るなら、こっちは1個100円の極上の卵を売る。デパートの地下でしか買えないような食材を、もっと身近に感じてもらおうという狙いだ。

この案は当初、部下も本社も猛反対だった。

百貨店で売れるものが、スーパーで売れるわけがない。

これが彼らの言い分だった。

もちろん、ただ並べれば売れるわけではない。売り方を変えないといけない。たとえば、価格を前面に押し出すのではなく、美容や健康を前面に押し出して訴求する。このように手間をかけて、高額商品は売れるのだ。

最初の3ヵ月は、売れない1個100円の卵を捨て続けた。しかし一日に1個売れ、それが5個になり、いまでは毎日順調に50個以上は売れている。

卵の売り上げ増と比例するように、いままで低迷していた売り上げは底を打ち、安売りをしなくても客数は前年より10%アップするようになった。売上単価は15%アップを維持している。

この高級路線にはマルトモの経営陣も興味を持ち、ついには全店で高級志向の品ぞろえを開始した。俺自身も、その功績を認められて2年前に北上店の店長に昇格することができた。最初は百貨店出身として色眼鏡で見られていた俺も、周りから一目置かれるようになった。

2

こんな感じで順調に仕事をしているかのように見える俺であるが、どうにも吹き飛ばせないやるせなさがある。それは、この仕事を続けていていいのか？　ということだ。

もちろん、いまの仕事の面白さもわかってきた。給料は越後屋でアクセサリー売り場の主任をしていたころよりも2割ほど多い。最初のうちは壁を感じた人間関係も、いまは上司とも部下ともうまくいっている。この点は何も不満がないのだが、百貨店時代のきれいな売り場で自分の作りたい売り場を作り、接客して販売するステイタス感がどうしても忘れられない。

俺が売るものは豆腐ではなく、自分自身で仕入れたブローチであり、俺が相手にする客は、おつかいで来たジャージ姿のおじさんではなく、トレンディな服装のマダムである。一日数回、頭の中に浮かんでは打ち消していたが、その回数は増えて仕事に集中できなくなった。

上司である運営部長の上杉に、先週そのことを打ち明けた。

「どうした、冴木君。なんだか今日は雰囲気が違うな」

上杉は配慮のできる人間だ。店のパートさんからも人望がある。それは彼の人柄だけではなく、現場の視点を持っているからだろう。仕事ではかつて精肉売り場の神様と言われた男らしく、社内の人脈はゆるぎない強さを持っている。

俺が尊敬するのは、人の些細な変化に気がつくこと。どうやら俺の変化に気がついたらしい。

「なんだ、相談があるのなら聞くぞ」

休憩室で俺に顔を近づけて耳打ちした。

俺は、上司に本音を言うと、失望されるだけではなく、自分の評価も下がることを知っていた。しかし、上杉の気さくな人柄のせいか、自分の考えていることを話そうと思った。

周りに察知されないように、上杉を店舗の外に連れ出し、向かいにある昭和の香りが漂う純喫茶「五番館」に入った。カランカランという玄関の扉についたベルが、異空間へと入った合図のように響く。スーパーの中のざわめきとは全く異なる静寂を感じながら、2つしかないテーブルのうち奥のほうに、上杉と向かい合い座った。

「ほう、まるでタイムスリップしたようだな」

「ええ。これも懐かしいですね」

俺は、テーブルに置いてある、コインを入れると出てくる星座占いをつついて言った。70過ぎくらいの白エプロンをした細身の女性がメニューを持ってくると、俺はホットコーヒーを2つ頼んだ。


「実は、転職を考えています」

俺は切り出した。上杉は顔を曇らせ、のぞきこむように言った。

「なんだ、何が不満だ」

「いえ、不満というよりも、自分のやりたいことがありまして」

「やりたいこと……それは上司として最も慰留しづらい理由だな」

そう言って、少し無理に笑みを見せた。

「以前から考えていたのですが、私はやはり対面販売の商売、つまりもう一度百貨店の売り場に立ってみたいと」

「私はスーパーの仕事しか知らない。だから百貨店の商売がどのようなものかわからんが、いまの環境を捨ててまで行く価値があるのか」

「それはわかりません。いまは店長として毎日充実しています。部長にもご迷惑をかけながら、好きなようにやらせていただいています。けっして不自由ではありません」

上杉は出されたホットコーヒーに砂糖を入れながら、目線を俺に振った。

「君はいくつになる」

「41です」

「お子さんは？」

「上が今年中学2年になりました。下は小学6年です」

「うちも今年大学に入った娘がいるが、正直金がかかる。それに自分の老後も不安だ。いま転職したとして、いい条件があれば別だが、40を超えるとかなりきついぞ」

俺はうなずいた。

たしかにそうだ。40歳を超えて希望の仕事に転職できるかというと、かなり厳しい。それは俺も百貨店で店員の採用にも携っていたからよくわかる。年齢は若ければ若いほうがいい。それは見た目もあるが、記憶力、体力、気力といった点でもそうだ。いまのこんな自分を採用してくれる会社なんてないだろう。

　上杉は言った
「越後屋から君が来た時に、私は正直、君はこのスーパーの仕事には向いていないと思った。だから、人事からこの店の副店長にという話があった時も最初は断った。いまからスーパーの現場で働くには年齢も厳しいだろうし、おそらくハードな仕事に音《ね》を上げるだろうと思ったからだ」

「はい」

「でも、君は頑張った。それだけではなく、いまは店長として北上店をトップクラスの優良店にしてくれた。当社の高級路線戦略の火種になってくれた。そして、私の右腕として、優秀な部下として頑張ってくれている」

「いえ、そんな」

「だから、どうだろう。私と一緒にマルトモで頑張らないか。まだまだやることはたくさんある。私たちはただの地方スーパーでは終わらない。いつか全国のスーパーが視察に訪れるような、これからのスーパーを作る」

　これからのスーパーとは、上杉が理念に掲げるもので、従来の発想を破った真に地元の客のためのスーパーのことだ。俺もこの理念に共感した。高級路線も上杉だから理解してくれ自由にやらせてくれている。

俺は言葉に詰まった。やはりまだ話すべきではなかったようだ。

このような話をされると、自分の決心がさらに揺らぐ。


ココで頑張ればいいじゃないか。何も家族を投げ出して、以前の職場の未練に殉ずる必要がどこにあるのだ。そもそも、夢だとか、やりたいことを考える年齢ではない。自分は家族から見れば大黒柱だし、店の部下から見れば上司だ。ここまで大きく店を変えてきて途中で放り出すのは、人間としてどうなのだ?


俺の困惑する顔を覗き込むように、上杉は問いかけた。

「なんだか、話を聞いてやるつもりが逆に心を乱してしまったか?」

「いえ、そのようなことは」

「なあ、冴木。百貨店の商売はそんなに面白いものか。教えてくれよ」

「え。百貨店の商売ですか。そうですね」

俺は遠い記憶を呼び戻してみた。

百貨店の仕事。それは商品を売るのではなく、情報を売ると言ったほうがよいだろう。

商品にしても、どのようなところで、どのような思いで作られたかなど、一つひとつにストーリーがある。それを完全に知ったうえで、それに合ったお客さんに届ける。だから「商品を置いていれば売れる」スーパーとはわけが違う。商品のストーリーを売るのだ。

「売る醍醐味」も違う。百貨店に目的を持って買い物に来る客は少ない。ほとんどが品物を見に来ているだけだ。その見に来た客と信頼関係を築き販売につなげる。もちろん、その日で販売につながらなくても、1週間後にふと現れて買ってくれる。このような瞬間に売る醍醐味を感じる。売る喜びだ。

そんなことを話しているうちに、やはり百貨店に戻りたい、と頭の中で薄れかけていた気持ちが再び組み立てられていくように感じた。

「そうか、同じ販売でも全く違うな。私もできれば一度やってみたかった」

「すいません、話しすぎまして」

「いや、構わん。いままでにない君の表情を見ることができた。私が先ほど話した慰留は忘れてくれ。君の人生を私が奪う権利はない」

「あ、いえ、光栄な言葉で嬉しかったです。ただ……」

「わかっている。君の気持ちはわかった。でも家族もあるだろう。それにすぐに新天地が見つかるとも思えない。だから慎重に考えるべきだろう」

「そうですね」

「そういえば、冴木君は会社で定められている連続休暇をまだ取得していないな。人事がうるさく言っていたぞ」

「あ、その件は来週に取得予定です。ただ、副店長が欠員のうえ、何かとバタバタしているので、1週間の休暇は難しいのですが」

「君らしくないな。店長がいなくても店が回る仕組みを作るのが、店長の仕事だろう。もし何かあったら私も支援するので、ゆっくり今回のことを考えるといい」

上杉はカップをソーサーの上に置き、俺にうなずきながら言った。

そうだな。じっくり考える時間が必要だ。家族にも相談しなきゃいけないし。これ以上ずるずると考えていてもダメだ。よし、今度の休暇で自分の進路を決めよう。俺はそう決断し、上杉に頭を下げた。

「部長、おっしゃるように、自分の進路を見つめなおしたいと思います。いろいろご迷惑をかけるかと思いますが、よろしくお願いします」

「ああ、そうするといい。ただ、例の件はまだ調べているのか」

「精肉の奥田の件ですか？」

「そうだ。できれば穏便に済ませてやれ。よくあることだ」

「わかりました。ご迷惑をおかけします」

例の件とは俺にとっても悩みの種となっている、社内で〝架空在庫計上〟と呼ばれる事件だ。

まだ、俺と上杉のところで話は止まっているが、うちの店の精肉担当の奥田マネジャーがどうやら不正をしている疑いが大きくなった。

生鮮食品の利益の決め方は、まず期首在庫があり、そこから仕入れをして、売り上げが上がる。そして期末在庫が確定すると、期首在庫と仕入れの合計から期末在庫を引いた額が売上原価となり、売り上げと売上原価の差額が利益となるのだ。

当店は月末に、どのくらい在庫があるのかを棚卸しして、利益高を確定する。

たとえば今月の売り上げが１０００万円だとして、期首在庫が１００万円分、仕入れが８００万円、期末在庫が１００万円だと、２００万円の利益となるわけだ。

仮に期末在庫を１００万円分多く計上すると、利益は１００万円増える。先月の精肉部門の在庫は５００万円だった。通常１００万円ほどのはずだから、異常である。毎月50万円から60万円ほど在庫が増えているのだ。

在庫のチェックは店長か他部署のマネジャーが行うことが社内ルールで決められているが、実際に肉の塊を見ても、素人には、それが輸入の肉か黒毛和牛かは見分けがつかない。だから、現物があるかないかは確認するが、それが本当にその商品かは確認していないのが実際だ。

期中に棚卸しができないので、今月末の棚卸しで、はっきりさせようと俺は思っている。部長はしかし、職人の世界は職人に任すべきだと俺に言う。部長は奥田を信頼しているからこそ、そして彼の将来を考えるからこそ言っているのだが、俺の性分だから、はっきりさせないと気が済まない。

ただ、下手すると俺の首だけではなく、部長の首も飛びかねない事態なので、ことを慎重に進めて、不正がないことを信じながら確かめないといけない。

俺たちは喫茶店を出て、店へ向かった。

部長はそのまま別の店に巡回するとのことで、俺は上杉部長を駐車場で見送った。

3

久しぶりの連続休暇。

休みは久しぶりにバイクで富山に向かった。能登半島の東の付け根には氷見《ひみ》という町がある。

昔はよく来たツーリングロードだが、少なくともマルトモに来て店長に昇格してからの2年ほどは全く通っていなかった。いつの間にか郊外に大きなショッピングセンターができていた。氷見の海を右手に見ながら、俺は無心で風と一緒に走った。

ある道の駅にバイクを止めて、海岸へ出る小道を歩いてみた。うっそうとした獣道に近い歩道を進むと、右手に明るく日差しが差し込む、ちょうど3畳ほどの広さの敷地がある。そこに小さな祠《ほこら》があった。どうしてこんなところに？　と思いながらも、やけに神々しい真っ赤な祠に俺は引き寄せられた。そして、ポケットから革の小銭入れを抜き出し、１００円硬貨を賽銭《さいせん》箱に入れた。

「俺をいい方向に導いてください」

リン……リン……

鈴の音がした。俺はきょろきょろと左右を見回し、後ろを振り向くと、頑固そうな老人が立っていた。俺は息を吸い込みながら声を出してしまった。

「うわっ」

「おお、これは驚かせてしまったかね。すまん、すまん」

どうやら神様でも仙人でもなさそうだ。作業服のようなジャンパーを着て使い古した長靴を履いているところから見ると、地元の老人のようだ。鈴をつけた杖を持っている。白髪は眉毛にまでおよび、目だけがきらきらとしてドングリのようだ。

老人は俺の横をトコトコと進み、ほうきとチリトリを地面に置いて、供え物の団子を賽銭箱の奥の台に置いた。一礼し、ぶつぶつ言いながら拝んでいる。

拝み終わると俺に向かって話しかけた。

「ここはなあ、昔、漁に出る際にみんな、拝んでいた祠なんじゃ」

俺は無言でうなずいた。

「で、あんたはどこから来た？」

「北上です」

「そりゃまた遠いところから、旅行かね。どこに行くのかね」

老人はほうきを持ち、落ち葉や枯れ葉を掃きながら俺に聞いてきた。

「旅行ですが、どこに行こうかと」

俺は笑いながら老人に言った。

「目的地が決まっとらんのに旅行かね。それもまたいい」

「ええ、旅行ならそれもいいのですが……」

「他にも決まっとらんものがあるんじゃな」

「え、ひょっとして俺の拝んでいる間、後ろで聞いていたのですか」

「いや、そうじゃないわい。こんな場所の祠に参っているのだから、何かわけがあるのじゃろう」

「はあ、少し悩んでいまして」

「こんな老人でよかったら話してみんかね」

「いや大したことはないのですが……行き先が決まらないだけです」

「旅行の行き先かな？」

「いや、旅行じゃないです。人生そのものの目的地が決まっていないのです」

老人は大笑いしながら言った。

「はっはっはっ。こりゃ面白いことを言うお人じゃ。まだまだ若いのにどこに行くのかわからんとは」

「ええ、変わっていると自分でも思います」

「まあ、わしの歳《とし》になると、朝、目が覚め、うまい飯が食える。それだけで十分じゃ、失礼じゃがあんたはまだ40くらいじゃろ。まだまだなんでもできる歳じゃ」

「それが、それほどなんでもできる状態でもないんです」

「ほう、それはなぜじゃ？　見たところ体も丈夫そうじゃないか」

「健康です。でもチャンスがないんですよ。やりたいことがあっても、チャンスが」

「チャンス？　そんなもの、いくらでもあるとわしは思うがな」

「いえいえ、俺は一度リストラにあっていますし、この歳ではチャンスなんてもうないですよ」

「チャンスがない……そうか、それがあれば目的が見つかるのじゃな」

「え……そうです。チャンスがあれば前に進めますよ。でも年齢もそうだし、手に職

まれていないほうですから」

「いえ、チャンスなんて来ませんよ。俺は自分で言うのも何ですが、チャンスには恵まれていないほうですから」

「それは気の毒に。じゃがな、わしは、人には同じだけのチャンスが巡ってくると思っておる」

「そのうちいい機会が訪れるじゃろう。急《せ》くでない」

もないし、家族は抱えているし」


〝そんなわけはない〟と思いながら俺は皮肉めかして答えた。

「そうですか。じゃあ、俺にはそろそろチャンスのラッシュが来ますね」

「ほっほっ。お前さん次第じゃ。そうじゃ。祠にもう一度お願いしたらどうじゃ」

「え？　祠に？　……そうですね。お願いしてみます。いやあ、お話しして少し気分が和らぎました。ありがとうございます」

「うむ、この祠はいままで多くの者に恵みを与えてこられた。ただなあ」

「はい？」

「いや、いい。欲しいものを祠に願うといい」

俺はその祠に一礼して「チャンスをください」と祈った。すると鈴の音がした。祈り終わり振り向くと老人は帰ってしまったのか姿がなかった。

俺もその道の駅を折り返しに自宅にバイクを走らせた。


帰宅したのは夜だった。俺は妻の祐美に転職の気持ちを打ち明けた。バイクに乗りながら、「お金はどうするの？」と聞かれたらこのように答えると自分のQ&Aのようなものを考えていたが、予想外にも「あら、じゃあ旅行に行けるじゃない」とケラケラ笑われた。そして、「あなたなら大丈夫」と言われ、不覚にも涙があふれた。

ただ、祐美は何かを思い出したように顔を曇らせて言った。

「あと、話が変わるけどお母さんの件」

「ああ」

「陽菜《ひな》さんと電話したらね」

「陽菜と？」

「ええ、なんだか、昨年お父さんが亡くなってから、いつも伏せてて、物忘れがひどくなったんだって」

父は心臓を患って他界した。強気な母だったが、かなりショックだったらしく、最近は近所付き合いを避けるようになり、家の中にこもりがちになっている。

「なんだか心配で。といっても私たち両方仕事しているでしょ。だからあまりそばにいられず陽菜さんにまかせっきりにしてて」

「ああ、陽菜も子供が小学校に上がったばかりだから、少し辛そうだな。施設に入ってもらおうという話をしていたのだけど、金がかかるし、本人も拒絶しているらしい」

「そうらしいわね。でも何かあった時に、ここから新潟はすぐに行ける距離ではないでしょ」

「そうだな。それもあって、転職するのならできれば新潟市内の企業と思っているんだけど、新潟もそれほど景気がいいわけではないしな」

「そうね。いまは陽菜さんが見てくれているけど、これから先心配ね」

誰しも親はいる。自分が年齢を重ねると親も年齢を重ねる。老いていくのだ。俺の親は大丈夫と思っていたが、父は他界し、気丈な母もここ半年ほどで一気に老いてしまって、会うたびに小さく見える。しかも後ろ向きなことばかり言い出した。人生の伴侶をなくすとこれほど変わるものかと思う。

自分を生み育ててくれた親の老後は子供が見るのが当たり前だとわかってはいるが、自分たちにも生活があり家庭がある。これから子供たちが大学などに入り、人生で一番経済的に厳しく、会社では責任が重くなっていく時に、一つ大きな悩みを抱えてしまうことになる。

祐美も仕事が大好きだ。社会の一員としての立場を大事にする。だから、彼女に母の面倒を見てくれと言うわけにもいかない。いや、いつか見てもらう判断をしなければならないのだが、それは俺にとって「親を取るのか、妻を取るのか」の決断となる。その決断はいま下したくない。

俺は逃げ込むように、目の前に新聞を広げた。

祐美が思い出したかのように聞いてきた。

「ねえ、あなた。明日だったわよね。夕食いらないの」

「ああ」

「夜遅くなるの？」

「終電までには帰るよ。明日は久しぶりに芝浦と会うんだ」

「へえ、芝浦さんねえ。以前はよく、うちにもお見えになっていたわね」

「ああ、相変わらずできの悪いバイヤーとして越後屋で頑張っているらしい。あいつはミスター越後屋だよ」

「芝浦さんと二人？」

「いや、前に話さなかったかな？　明日は百貨店業界の関係者の交流会だよ。俺もそれに誘われて。よかったら君も来いよ」

祐美は少し考えたが首を横に振った。

「私は待っているわ。楽しんできて」

祐美はいつもならこのように誘うと必ずついてくるのだが、俺の気持ちを察して断ったのだろう。

4

「おほー。冴木。なんだお前、ずいぶん痩せたな」

交流会の会場の受付横から芝浦が、いつもの特徴的なストライプ柄のジャケットの裾をたなびかせて早足で飛んできた。

「ああ、お前と違って、いまは一日店内を歩き回っているからな。しかし、お前は相変わらずだな。そのジャケット」

「これか、これはサザーリのデザインだぜ。いい服というものはメンテナンスさえすれば、どんどんといい光り方をする」

「人間と一緒だな。ところでお前、体は調子よくなったのか」

芝浦は首を大きくふった。

「いや最悪だ、実はいま休職中なんだ」

俺は驚かなかった。彼が心の病気にかかっているのを知っていたからだ。

「そうか。お前は頑張りすぎだから、少し休むくらいでちょうどいいんだ」

芝浦と俺は料理を大きな白い皿に盛りつけ、隅のテーブルに陣取った。

「俺さあ、転職しようと思っているんだ」

俺が切り出そうとした言葉を、芝浦のほうが切り出してきた。

「え？　どうして？」

「実は部長とうまくいかなくてさあ、最近は俺がまとめた商談を直接ストップする指示を出されたり、取引業者を急に変更したりして、俺のメンツ丸潰れなんだよ」

「ひどいな」

「ああ、それだけじゃなくて、会社の方針もお前がいた頃とかなり変わったしな」

「どういうふうに」

「うちは百貨店じゃなくて、賃貸業だとか専務が言い出してさあ。直営の売り場は半分にして、売れるテナントをバンバン入れていく」

俺は頭に血が上って声を荒らげて言った。

「おかしいだろ。それは」

「おいおい……なんだ」

「ああ、悪い……俺のいた燕三条も同じことをあの専務がして、挙句の果てには百円均一だとか放り込まれてさ。それで潰れたの知ってるだろ」

「ああ、あの時、お前専務に食ってかかったものな」

「閉店の際には姿も現さなかったよ、あいつは」

「まあ、一族経営ってそんなものだ」

越後屋も最近になって大きく変化しているらしい。

俺は芝浦の話に戻した。

「で、芝浦はどこに転職するんだ」

「まあ、まだ言えないけど、同業だな。いい話があってな」

「へえ」

俺は正直うらやましかった。百貨店関係の仕事は俺が探してもほとんど出てこなかったのだが、こいつにはそんなチャンスがあるんだな、と。

「あー。これは芝浦さん。どうも」

ダークスーツに身を包んだ50代の初老男性が芝浦に挨拶をした。

「これは、吉田さん。あ、紹介するぜ。この方はコンサルタントをされている吉田さんだ」

スーツと同じ折り目を付けたかのような身のこなしで、吉田はさっと名刺を出した。

「OHクリエイト」と名刺に書かれた企業名の下には「総合コンサルタント」とある。何をしているのか全くわからないが、どうも百貨店の業界関係者ではなさそうだ。

「えーと、コンサルタントをされているんですか」

「はい。細々とコンサルをしております」と答えて、吉田は俺の名刺を見て話した。

「冴木様。マルトモといえば越後屋グループ様のチェーン店ですな。そこで店長をされている」

芝浦が言った。

「吉田さん。こいつ、こう見えても、元越後屋でバリバリの百貨店マンだったんですよ。なあ」

芝浦の助け舟のおかげで何とか面目を保てた。スーパーの店長なのにこの場にいることに引け目を感じていたからだ。

「ほう、冴木様は越後屋さんではどの部門にいらっしゃったのですか？」

「ファッションアクセサリーです。主に装飾品を担当しておりました」

「なるほど」

吉田は言葉を濁すことで俺に「その後は？」と聞いているような気がした。

「越後屋の燕三条店に勤務していたのですが、閉店となりまして、いま転籍でマルトモのスーパーの店長をしております」

また芝浦が口を挟む。

「マルトモの高級路線はこいつが考えた戦略なんです」

友人として、自分のことのように喜んで話してくれた。

「ほう、それはすごい。たしかにマルトモさんは、食卓に一番近いデパ地下という戦略を取っていましたよね。ほう、冴木さんが……なるほど」

この吉田という男、業界に精通しているようだ。

「よくご存じですね」

「ええ」

そう言って笑った。そして一呼吸置くと、

「冴木様はマルトモに骨をうずめるおつもりですか」

「え？　ああ、わかりません。やはり百貨店に戻ってもう一度やってみたい気持ちはありますが……」

「じゃあ、もし、いい話があって声がかかれば……」

「わかりませんね。いまの会社にも恩義がありますし。まあ、そんな話があればのことですが」

その時、吉田を誰かが呼んでいる声がした。

「これは失礼。連れが呼んでおりますので。またお会いしましょう」

吉田は折り目正しいお辞儀をして、俺たちから離れていった。

俺は芝浦に聞いた。

「あの吉田さんって何のコンサルだ？」

芝浦は〝うーん〟とうなって、小声で答えた。

「まあ、人材関係だな」

「え？　人材？　派遣とかか」

俺は百貨店の人材と聞くと、マネキンや販売員の派遣会社を思い浮かべてしまう。実は百貨店にいる半分ほどの店員は派遣社員で、どこの店でもよく売る販売員は引っ張りだこだ。

「まあ、そんなところかな」

芝浦の答えはどこか歯切れが悪く、話をすり替えた。

「ああ、ところで、本川の話聞いたか」

「……いや、本川がどうかしたか」

「ああ、あいつな、どうやら鶴丸百貨店のチーフに格下げになったらしいぞ」

「え？　バイヤーで越後屋から引き抜かれて行ったのにどうして」

「鶴丸もドライだからな。なんでも昨年の冬物を外して、大量の不良在庫を抱えてしまったみたいだな」

「買い取りでか」

　百貨店の仕入れはほぼ委託販売で、売れ残ると返品できるのだが、その分仕入れ値は高くなる。そこでバイヤーは利益予算を達成させるために、買い取りで仕入れ値を安くさせて勝負をかけることがある。もっとも失敗すれば大きな損失が出るわけだが。

「ああ、もともと、鶴丸も経営が危うい状態が続いているからな。噂では大手スーパーのチェックエイトの傘下に入るのだとか。まあ、そのほうが社員は安心だけどな。あそこだと倒産はしないだろうしな」

「まあな、しかしあの鶴丸がねえ」

「冴木はたしか、本川の上司だったよな」

「ああ、俺が売り場の副主任をしている時にアイツが新入社員で入ってきた。1年前に一度連絡があって飲んだっけ。その時も苦しがっていたな。やはり越後屋と鶴丸は全く交じり合わないDNAみたいだな」

芝浦は首を振りながら答える。

「そうかな。俺は違うと思うぜ。越後屋は古いやり方ばかりやっている。いまはコンビニが駅の中にできる時代だ。客が来たら売ればいいという発想は古すぎるだろう」

「その古さが越後屋のいいところじゃないか。馬鹿正直で」

「そんなことだから郊外にできたスーパーなんかに客を取られるんだよ」

芝浦は俺の顔色を見て言葉を詰まらせた。

「悪い。ついこの手の話になると……熱くなってしまった」

「いい、どうせスーパーなんかに……だからさ」

と言って俺は自分をあざ笑った。

その後、俺は芝浦と昔話をあてに2時間ほど飲んだ。

5

俺は8階建ての自宅マンションのベランダから夜景を眺めていた。夜景といっても、民家の灯りと遠くに高速道路の黄色い灯りが右から左奥に伸びているだけの、とてもきれいとは言えない夜景だ。

「そんなに長く外に出ていると風邪ひくわ」

祐美がテラス窓をスライドさせて言った。

「ああ、もうちょっと」

しばらく一人にさせてくれ、という思いを込めて俺はそう言った。

結局、どうするのか決断ができない状態だった。それは旅立つべき渡り鳥が、嵐にさえぎられて仲間から取り残されるような感覚だ。

自分がこうしたいと思えばそうなるものではない。それが現実だ。

チャンスが訪れたら考えたらいい。流れのままに流されるのも人生だ。

そう思った時、あの祠で会った老人の言葉が思い出された。

「人には平等に同じだけのチャンスが巡ってくる」

本当にチャンスが来るのか？　半信半疑だが、夜空にゆらゆら輝く星を見ているとなぜか元気が出てきた。

いまできることは、チャンスが訪れた時に、しっかりそれをつかむための準備をしておくこと。これが休暇中に俺が出した結論だった。

立つ鳥跡を濁さず。俺はいつでも旅立つことができるように、何かを整理したかった。そこで、一番の懸念事項である精肉部門の在庫の件を再度調べるために、明日こっそり店に行ってみることにした。

明日は設備点検のための店休日。誰もいないので調査しやすい。そして俺の最後の休日である。休日は自分のために使うものだ。だから、明後日から仕事がしやすいように整理する時間として使おう。そう決めて、冷たくなった体をさすりながら部屋に戻った。

翌日、11時に自宅を出て車で北上店へ向かった。バイパスを走って20分ほどだ。店舗の前の駐車場は以前から放置されたままの車1台を除くと、後は広々と空いている。俺は店の前に車を止めて左隅にある従業員出入り口から店内に入った。

売り場を含めて中は真っ暗だ。唯一、冷蔵庫の赤いランプと非常口の灯りがぼんやりと浮かんでいる。普段より数倍うるさく聞こえるボイラーの音も耳に入る。

店長室は廊下の突き当たり右側にある。そんなに大した部屋ではない。万引きを捕まえた時に取り調べをしたり、従業員の休憩室に早変わりしたりする。壁には翌週までのチラシが貼られている。

　自分の机の上のパソコンを立ち上げて、精肉売り場の在庫リストを取り出そうとした時、携帯電話が鳴った。運営部長からだ。

「はい、冴木です」

「ああ、冴木君。上杉だ。大変なことになった」

　ただならぬ緊迫した声だ。

「監査だ。監査室が君の店を監査している」

「え？」

　どこからかかぎつけたのか？　それとも定期監査か？　どちらにしてもタイミングが悪い。

「で、例の在庫の件だが、かぎつけられたらしい」

「精肉ですね」

「ああ、で、休暇のところ申し訳ないが、いまから本社に来てくれないか。その後、4日ほど本社で缶詰にされると思う」

「でも、店が」

「店には代理の店長を送る。とにかく、監査中、君は店に入れないし、一切の連絡を取ることを禁止されている」

「そんな……なんとかならないのですか」

なんともならないことを知っているからこそ言ったのだが、想像通りの反応だった。

「なんともならん。ともかくいまから本社に来てくれ。3時から監査会議が始まるので、いまから出れば間に合うだろう。これに遅れると隠蔽《いんぺい》工作をしていると変に勘繰られるので時間厳守だ」

「3時ですか。いまちょうど精肉の在庫を調べようと思っていました」

「なに、店にいるのか？　それはやめておけ、それに関するものには触るな。いいな」

「わかりました。じゃあ、せめて最低限の引き継ぎだけはしたいので、メールのチェックをしておきたいのですが」

「うむ、それは仕方がないだろう。だが、3時の会議には必ず間に合わせろ」

「わかりました」

俺は電話を切った。

「くそっ、チャンスどころかピンチが来やがった」

あの祠を恨む時間もないことに気が付き、慌ててメールのチェックに入った。未処理の案件が溜まっているようだ。できる限りの案件を処理して、本社に向かわなければならない。

いまの時間は11時30分か。あと1時間、12時30分にはこの店を出ないと間に合わないな。

よし、ではやるか。

インバスケットの注意事項

この問題は、制限された時間の中で、あなたが主人公の立場ならこれから発生する出来事をどう乗り切るかを、主人公の立場で回答していただくものです。

あなたには制限時間内で、できるだけ多くの案件を処理することが望まれます。どの案件から処理をするかはあなた次第です。重要ではないと判断した案件は、無視することも必要かもしれません。

【注意事項】

①60分間で、優先順位が高いと思われる案件から処理をしていくことが重要です。

②ストーリー中には外部と一切連絡が取れないなどの、実際では起こりにくい環境設定があるかもしれませんが、これはあなたの管理スタイルを評価するための設定と理解してください。

③この問題に登場する人物・企業名などはすべて架空のものです。

【回答方法】

あなたのとった判断・行動などを意思決定シートにすべて書き込んでください。

回答の記入方法、指示の表現方法や文字の丁寧さなどはスコアに影響しません。

ただし第三者が見て、あなたの意思決定やアクションの理由がわからないと考えられる時は、補足説明を付け足しましょう。

また、判断や行動の要因となった資料や、ほかの関連案件があれば、それも記入してください。

あなたの置かれている状況

北上店は本日、設備点検のための店休日となっており、社員は誰も出勤しておらず、警備員しかいません。

現在の日時は20XX年11月5日（木）午前11時30分です。

午後3時の会議に間に合うためには、あなたはこの部屋を午後0時30分には出なければなりません。つまり、60分の間に案件を処理しなければなりません。

また、11月5日（木）午後から11月8日（日）までは、本社での監査対応のために北上店に出勤することはできません。移動中、監査対応中は、店舗を含む社内と連絡を取ることは一切禁じられています。


以上のあなたの置かれている状況を把握した上で、これから60分の制限時間の中で案件処理に当たってください。

資料1
会社概要

株式会社マルトモチェーン　会社概要	
会社名	株式会社マルトモチェーン
本社所在地	新潟県新潟市中央町10番地5-1
設立	1967年4月
代表者	代表取締役社長　平田幸造
資本金	1億9,000万円
事業内容	食料品及び日用雑貨品等の小売販売
従業員	正社員985人
売上高	855億円
店舗数	53店舗

会社沿革	
1967年	鮮魚専門店として開業
1977年	スーパーマーケット業態としての展開を開始
1983年	10店舗目になる魚津店をオープン
2003年	50店舗目になる長潟店をオープン
2006年	ホームセンターマルトモを3店舗オープン
2011年	ホームセンター3店舗を食品スーパーに改装オープン
2015年	百貨店越後屋の子会社となる

資料2
株式会社マルトモチェーン　全社組織図

資料 3
北上店　組織図

MGR＝マネジャーの略
SMGR＝サブマネジャーの略
姓名記載は正社員

店長
冴木　純

総務・レジ担当 MGR 柿村　裕子	SMGR 野山　和子	パート アルバイト 35名
精肉 MGR 奥田　純一	SMGR 並木　裕介	パート アルバイト 9名
青果 MGR 福士　竜平	SMGR 平原　千尋	パート アルバイト 10名
鮮魚 MGR 荒川　一郎	SMGR 東野　知美	パート アルバイト 8名
日配 MGR 国松　千春	SMGR 原　敏弘	パート アルバイト 12名
加工食品 MGR 香取　雄太	SMGR 平戸　明	パート アルバイト 10名
日用消耗品 MGR 杉本　則和	SMGR 武田　宏太	パート アルバイト 8名

※日配とは、生鮮食品以外のあまり日持ちのしない食品（豆腐等）の発注や商品管理をする部門です。

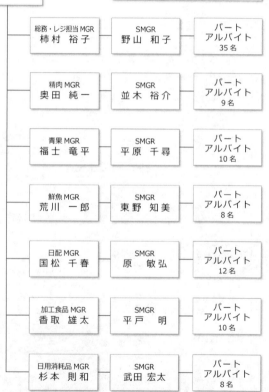

資料4
北上店　営業成績

単位：万円

	一昨年	昨年	今年度見込
売上高	271,836	270,265	267,354
前年対比	101.1％	99.4％	98.9％
粗利益高	67,959	68,918	69,512
売上目標達成率	102.1％	100.8％	99.4％
経費合計	62,522	63,512	64,165
営業利益	5,437	5,406	5,347

資料5
北上店　部門別成績表（昨年）

単位：万円

	売上高	前年対比（％）	達成率（％）
青果	39,587	102.7	103.9
鮮魚	34,756	94.3	94.1
精肉	37,580	102.6	103.5
日配	72,056	99.5	99.8
加工食品	69,977	99.6	100.9
日用消耗品	16,309	97.2	98.9
合計	270,265	99.4	100.8

資料６
北上店　10月15日店頭朝市　結果報告書

・目的：北上店の商品の鮮度の良さをアピールし、売り上げにつなげる。

・内容：1ヵ月に一度、店頭にレンタルの特設テントや冷蔵ケースを設置し、激安特価品を販売する。

・結果：売上高　56,000円　前回比　105.7％
・内訳：青果　41,000円　食肉　2,500円　鮮魚　5,600円
　　　　日配　3,500円　加工　3,400円　日用消耗　0円

月別推移　（単位：円）

	6月	7月	8月	9月	今回
売上高	79,500	63,000	78,000	53,000	56,000
チラシ代	60,000	60,000	60,000	60,000	60,000
レンタル代	80,000	80,000	80,000	80,000	70,000
人件費	60,000	50,000	55,000	55,000	50,000
利益	-120,500	-127,000	-117,000	-142,000	-124,000

【所感】

今回で25回目を迎えた店頭朝市ですが、おかげさまで前回比105.7％と大好評に終わりました。

ここには書いていませんが、常連客もついており、今後もかなりの効果が期待できます。

青果部門　福士

資料7
案件8に添付の送り状

越後屋物流
(元払)

配達日指定
11月04日
午前　午後　深夜

受付日 XX年 11月 02日

伝票番号
9845A213W2

お届け先
☎ 076(411)＊＊＊＊
郵便番号 939-0011
富山県富山市八木堺 9-6
萩原　金蔵　様

品名
TGR-50
タイガー
洗濯洗剤セット

ご依頼主
富山県富山市摺木 2134
稲田　権吉　様

備考
快気祝い

配達記録
月　日
月　日
月　日
月　日

元払 スーパーマルトモ　北上店様

a 0 1 2 3 7 8 6 4 5 7 9 2 2 a

越後屋物流
(元払)

配達日指定
11月07日
午前　午後　深夜

受付日 XX年 11月 02日

伝票番号
9845C263K9

お届け先
☎ 076(411)＊＊＊＊
郵便番号 939-0001
富山県富山市亀山 9-6
萩田　元子　様

品名
NK-25
金城
調味料セット

ご依頼主
富山県北上市みなと台 90　ハイツ豊島　102
山田　健平　様

備考
ご霊前

配達記録
月　日
月　日
月　日
月　日

元払 スーパーマルトモ　北上店様

a 0 1 2 3 8 5 3 7 4 9 6 2 1 a

案件1

差出人：**第二店舗運営部部長　上杉**
件名：**専務からの通達について**
宛先：第二店舗運営部　全店長殿
Cc：
送信日時　20XX年10月30日　13：02

店長各位

今期も決算に向けてカウントダウンに入ったが、今月の速報値では、全社累計売上達成率93％と苦戦をしているのは周知の通りである。

先月のビッグセールも不調に終わった今、専務より本日の取締役会を受けて、今までの高品質路線から一時脱却して売り上げを重視した販売を実施し、来月の売上目標を必達するよう指示が出された。

ついては商品本部より売り上げ対策商材が各店に提案されるので、各店長は至急、販売計画を作成して売り上げ対策を実行されたし。


なおライバルの安富屋も当社と同様に苦戦しているとの情報が入っている。同様にセールを仕掛けてくる可能性があることも、各店は考慮されたし。

意思決定シート

あなたが最適と考える判断・行動を下の欄に記入し、
必要であればその理由などを書き込んでください。

案件1　回答欄

案件2

差出人：**北上店　青果部門MGR　福士**
件名：**店頭朝市の件**
宛先：北上店　冴木店長殿
Cc：
送信日時：20XX年11月1日　17：03

福士です。

先般、ご相談しておりました主題の件ですが、店長のお考えはまだ伺っておりませんが、ほとんどのMGRが継続を望んでおります。

理由は今まで2年間コツコツと実施して、私自身も休日を返上してテント設営などを担当してきました。商品本部や営業企画部にもかなりの援助を頂いており、もう1年は続けるべきだと考えます。

今までやってきた実績を踏まえると、もう少しすれば必ず成果が上がると思います。それに前回は天気も良くありませんでしたので。

意思決定シート

あなたが最適と考える判断・行動を下の欄に記入し、
必要であればその理由などを書き込んでください。

案件2　回答欄

案件3

差出人：**杉谷　優馬**
件名：**はじめまして**
宛先：スーパーマルトモ　北上店　冴木店長様
Cc：
送信日時：20XX年10月30日　22：48

僕は先輩が卒業された大学の経済学部4年の杉谷優馬と申します。

冴木さんのことは、ゼミの大塚教授から聞きました。

僕の就活が厳しいことを話すと、ゼミの先輩である冴木さんを訪ねてみろとアドバイスを受けました。

OB訪問させていただけないでしょうか？

11月7日に伺いたく思っています。

僕もアルバイトでスーパーの仕事はしたことがあります。

スーパーマルトモに興味があります。

よろしくお願いします。

意思決定シート

あなたが最適と考える判断・行動を下の欄に記入し、
必要であればその理由などを書き込んでください。

案件3　回答欄

案件4

差出人：**北上店　総務・レジ担当部門MGR　柿村**
件名：**カレンダーの選択の件**
宛先：北上店　冴木店長殿
Cc：
送信日時：20XX年11月4日　12：30

TO 店長殿

従業員休憩室に貼っているカレンダーの件ですが、検討した結果、2社のカレンダーの内、どちらかが良いのではないかという結論に達しました。

恐れ入りますが、どちらのカレンダーにかえるべきかご判断お願いします。
・丸菱缶詰様カレンダー（A4サイズ／月めくり）は、缶詰が前面で背景が季節の風景でわたくし的には評価はBです。
・リーマイ小麦粉様カレンダー（A3サイズ／月めくり）は、リーマイのロゴが前面にあり、背景に季節の小麦畑があります。わたくし的には評価はBです。
あと、関川化学様カレンダー（卓上サイズ／日めくり）は、「今日の言葉」が毎日書いてあるので、みんな元気になりそうで、これも評価はBです。

また、今貼っている水元製菓様のカレンダーは処分でよろしいでしょうか？

倒産されたのでお返しすることもできませんので。

意思決定シート

あなたが最適と考える判断・行動を下の欄に記入し、
必要であればその理由などを書き込んでください。

案件4　回答欄

案件 5

差出人：**OHクリエイト（株）吉田茂樹**
件名：**冴木様　あなた様をお迎えしたい会社があります**
宛先：スーパーマルトモ　北上店　冴木店長様
Cc：
送信日時：20XX年10月30日　13：02

冴木様

お世話になります。

OHクリエイトの吉田です。

先日、百貨店業界の交流会で冴木様とは名刺交換をさせていただきました。その際に私の仕事はコンサルタントとお伝えしましたが、実はヘッドハント専門の人材紹介会社でして、今回メールを差し上げたのは冴木様をお迎えしたいという企業様があったからです。

その企業様は某百貨店です。その紳士靴売り場責任者としてお迎えしたいと、先方の人事担当責任者がおっしゃっています。

条件などは先方の責任者の方と詰める形になりますが、失礼ながら冴木様の現在の年収よりは良い条件を出すとおっしゃっています。ご希望額はおありでしょうか？

先日の交流会で、いつかは百貨店に戻りたいとおっしゃっていましたが、この話をお受けになるお気持ちがございましたら、11月5日中にお返事を頂けますか？（先方はお急ぎらしく、期限が過ぎると話が流れてしまう恐れがあります）どうかよろしくご検討ください。

意思決定シート

あなたが最適と考える判断・行動を下の欄に記入し、
必要であればその理由などを書き込んでください。

案件5　回答欄

案件6

差出人：**北上店　日用消耗品部門SMGR　武田**
件名：**稲田さまクレームの件顚末**
宛先：北上店　日用消耗品部門　杉本MGR殿
Cc：北上店　冴木店長殿
送信日時：20XX年11月4日　16：02

武田です。今回の稲田さまのクレームにつき経緯をメールにて報告します。
11月2日　稲田さまが来店、快気祝いとしてタイガー洗剤セット（品番TGR-50）を8セット購入（レシート時間15：32）。その際にマニュアル通りギフト送り伝票をご記入いただくように依頼したが、目が悪く書けないとのことで武田が代筆。何度も確認をして記入をした。
11月4日　稲田さまから電話（11：10頃）で、送り先の萩原さまから、注文した商品と異なる商品が届いたと連絡があり、電話を受けた吉川（パート）が運送会社に確認したところ、誤送が判明した。商品が異なるばかりか、上書きは「ご霊前」であった（稲田さまから伺ったのは「快気祝い」）。すぐにお詫びと代替品をご用意するも、萩原さま稲田さまともにご立腹で受け取りを拒否された。
運送会社にはどうしてこのようなことになったのかを報告するように指示しています。当店には落ち度もなく厚意で行ったことがこのような結果になりショックです。

意思決定シート

あなたが最適と考える判断・行動を下の欄に記入し、
必要であればその理由などを書き込んでください。

案件6　回答欄

案件7

差出人：第二店舗運営部部長　上杉
件名：【親展】君の将来について
宛先：第二店舗運営部　北上店　冴木店長殿
Cc：
送信日時：20XX年11月2日　20：57

冴木店長
先日の話だが、君の将来の希望が聞けて良かった。

私はもともとマルトモ出身でセルフ販売主体のスーパーの世界しか知らなかったが、逆に君の話から、百貨店の対面販売の魅力を知った。

君はマルトモの店長としても功績を残しているので、越後屋本社の人事に掛け合ったところ、新潟ではないが、長野店のアクセサリー売り場主任という待遇で内示を得ることができた。

発令は2ヵ月後になると思う。

給与面は現在と同額で話をつけている。

私としては優秀な部下を手放すのは非常に残念なのだが、君のキャリアを考えればいい話だと思う。話はすでに進めているので安心していい。

意思決定シート

あなたが最適と考える判断・行動を下の欄に記入し、
必要であればその理由などを書き込んでください。

案件7　回答欄

案件 8

差出人：越後屋物流サービス（株）北上支店　岸田智弘
件名：調査結果の速報です
宛先：スーパーマルトモ　北上店　日用消耗品部門　杉本MGR様
Cc：スーパーマルトモ　北上店　冴木店長様
送信日時：20XX年11月4日　21：19

スーパーマルトモ
北上店　日用消耗品マネジャー　杉本様
お世話になります。

越後屋物流の岸田でございます。

この度は大変ご迷惑をおかけしております。

伝票番号9845A213W2の件でございますが、どうやら当方の送り状仕訳間違いによって起こった可能性が高いことがわかりました。

集荷したドライバーから聴き取りをしたところ、本来出荷時に商品に貼り付ける伝票を、集荷締め切りが迫っていたため商品と伝票とを別々に預かり、配送センターで貼り付けたとのことでした。その際に、御社のご担当者様から頂いたメモを紛失していたため、記憶を頼りに貼ってしまったとのことでした。

まことに申し訳ありません。今後はこのようなことのないようにいたしますのでどうぞご容赦ください。なお、お客様には当社からもお詫びの書状をお送りする予定です。

※資料7の送り状を参考にしてください。

意思決定シート

あなたが最適と考える判断・行動を下の欄に記入し、
必要であればその理由などを書き込んでください。

案件8　回答欄

案件9

差出人：北上店　日配部門MGR　国松
件名：予約おせちの進捗状況報告
宛先：北上店　冴木店長殿
Cc：
送信日時：20XX年11月1日　10：45

おせちの予約状況ですが10月30日現在、目標50件に対して、13件です。

昨年は同じ時期で25件いっていましたので、苦戦しています。

そこで店長に許可を頂き、来週の全店朝礼の際に、従業員購入のお願いを再度させて頂ければ助かります。

全MGRには予約を頂きましたが、まだ従業員の多くが未購入です。

お恥ずかしい話ですが、当部門の原SMGRも、実家がおせちを送ってくるからといって購入を拒否しています。自分の担当なのにこんなに非協力的な社員は内心許せません。

ともかく、何としても目標達成したいと思いますので、店長もご協力お願いします。

意思決定シート

あなたが最適と考える判断・行動を下の欄に記入し、
必要であればその理由などを書き込んでください。

案件9　回答欄

案件10

差出人：**システムVXサポート**

件名：**【至急】必見です。メールサーバ容量について**

宛先：スーパーマルトモ　北上店　冴木店長様

Cc：

送信日時：20XX年10月30日　04：07

●設定期限が迫っています！無料容量アップは11月6日（金）23:59まで●

このメールは無料画質変更ソフト「画像丸くん」をお使いのユーザー様にお届けしています。

「今なら無料で2GB容量アップ」

お手続きはこちら

http://www.gazoumaru.co.jp/up

期日以降は1GB容量アップにつき500円必要になります。
この機会を是非お見逃しなく。

お問い合わせは

VXサポートセンター
☎0120－510－＊＊＊＊ （受付時間：9：00 ～21：00）

意思決定シート

あなたが最適と考える判断・行動を下の欄に記入し、
必要であればその理由などを書き込んでください。

案件10　回答欄

案件11

差出人：**第一店舗運営部　柴山店店長　岡崎**
件名：**先日の資料ありがとうございます**
宛先：第二店舗運営部　北上店　冴木店長殿
Cc：
送信日時：20XX年10月30日　20：54

冴木さん

毎日の激務お疲れ様です。

岡崎です。

先日の資料ありがとうございました。来年のバレンタイン計画の参考にさせていただきます。


しかし、会社の決算が非常に厳しいのはわかりますが、今まで利益重視で安売りするなと言いながら、急に安く売ってでも売り上げをとれ、と、あまりの急転換に現場は戸惑いますよね。

店長として現場にどのように伝えればいいのか悩むところです。


それはそうと、鶴丸百貨店が追加のリストラ策を近々発表するそうです。大幅な人員削減で、今までの対面方式から、セルフ式のスーパーと百貨店の中間の業態に転換するとか。我々越後屋出身者からすれば、互角に渡り合っていたライバルが落ちていくのは少し寂しいですね。

意思決定シート

あなたが最適と考える判断・行動を下の欄に記入し、
必要であればその理由などを書き込んでください。

案件11　回答欄

案件12

差出人：**営業本部　営業企画部　企画課　大田信二**
件名：**お願い**
宛先：営業本部　第二店舗運営部　全店長殿
Cc：
送信日時：20XX年11月1日　15：44

店長各位
いつも企画課にご協力いただき誠にありがとうございます。

現場の皆様にはいつも感謝申し上げております。

お忙しい中ではございますが、急きょ専務が来週の火曜日に、今回のセールの振り返りを本部スタッフと行うことになりまして、現在、本部内で調整を行いつつ、店舗の皆様には今回のセールでの売場写真をお撮りでございましたら共有させていただけないか……とのお願いでございます。

もちろん、そんなものは忙しいので撮っていないとおっしゃるのも理解できますので、無理にとは申しません。何卒よろしくお願いします。恐縮ですが11月7日中にお願いできればと勝手ながら考えております。

意思決定シート

あなたが最適と考える判断・行動を下の欄に記入し、
必要であればその理由などを書き込んでください。

案件12　回答欄

案件13

差出人：**北上店　鮮魚部門MGR　荒川**
件名：**越後屋物流様への販売について**
宛先：北上店　冴木店長殿
Cc：
送信日時：20XX年11月2日　17：35

店長

ご指導いただいたおかげで、越後屋物流様販売センターへの出張販売の件、あちらの岸田さまと交渉した結果OKを頂きました。

商品本部にも連絡して了承を得ることができました。

販売目標はタラバガニ冷凍を50箱です。センターには500名ほど従業員がいらっしゃるらしく、食堂をお借りして販売を行います。

実施日は11月20日を予定しています。

販売のために他部門のアルバイトをお借りできれば助かります。

（他の部門も忙しそうですから無理はなさらないでください）

意思決定シート

あなたが最適と考える判断・行動を下の欄に記入し、
必要であればその理由などを書き込んでください。

案件13　回答欄

案件14

差出人：**北上店　日配部門SMGR　原**
件名：**【内密にお願いします】**
宛先：北上店　冴木店長殿
Cc：
送信日時：20XX年11月2日　18：08

12月にて退職をしたいと考えています。

理由は私のわがままな一身上の都合です。


とはいえ、残すパートの方のことを考えると、私だけが逃げるようで切ないので、最後のお願いを聞いていただけないでしょうか？

会社の方針として従業員に無理に商品を購入させるのは問題ではないでしょうか？　今までは私もお店のためにと思い指示に従ってきましたが、本来は自発的に協力するものだと考えています。

社員だけならまだしも、パートさんにまで、クリスマスケーキやおせち、鏡餅などの購入を強制するのは今後問題が起きると思います。

これだけは内密に店長にお伝えしたかったのです。

意思決定シート

あなたが最適と考える判断・行動を下の欄に記入し、
必要であればその理由などを書き込んでください。

案件14　回答欄

案件15

差出人：**北上店　加工食品部門MGR　香取**
件名：**安売り商材について**
宛先：北上店　冴木店長殿
Cc：
送信日時：20XX年11月4日　11：52

商品本部より決算対策商品リストが上がってきました。

11月8日に商品が入荷次第、すぐに販売を開始します。

いつものコネを使い、他店より1.2倍の物量の商品を入れてもらうことになりました。いつもライバルの安富屋にやられていますから、利益を飛ばしてでも、ガツンと一泡吹かせてやりましょう。

価格設定は各店に任されているようですので、赤字覚悟で売りまくります。

どこよりも安い価格で攻めの商売を行います。

目標は昨年売り上げの2倍です。

あなたが最適と考える判断・行動を下の欄に記入し、
必要であればその理由などを書き込んでください。

案件15　回答欄

案件16

20XX　11/5

受信ボックス

11/5　12：03

From 冴木　陽菜

Sub お母さんのけがについて

お兄ちゃん、仕事中にごめんね。

実はお母さんが昨日家でつまずいて転んじゃったの。

すぐに病院に行ったのだけど、右足の、前と同じ部分を骨折したみたいで当面入院になりそう。

お医者さんに聞くと、命には別状ないけどリハビリ含めて長期間の入院か、自宅療養でも誰かが手伝わないと難しいみたい。とりあえず私は一週間ほど有休を使ってお母さんのところにいるけど、長期間は無理だから、お兄ちゃんと相談したいの。

お母さんはお兄ちゃんが心配するからあまり大げさに言うなと言うのだけど、私はすごく心配しています。

また連絡します。

返信　転送　保護　フラグ

※冴木陽菜はあなたの実の妹です。

意思決定シート

あなたが最適と考える判断・行動を下の欄に記入し、
必要であればその理由などを書き込んでください。

案件16 回答欄

案件17

差出人：**北上店　鮮魚部門MGR　荒川**
件名：**ありがとうございました。**
宛先：北上店　冴木店長殿
Cc：
送信日時：20XX年11月1日　09：02

店長

ご指導いただいたおかげで10月も売り上げ目標達成できました。

今月も目標は昨年対比で102%ですので楽勝のようです。

あとは北上店の売り上げおよび利益目標達成に向けて、部門一丸となり取り組みます。

それにしても、先日のお話は感動しました。

一時期は自分がこの仕事に向いていないのではないかと思いましたが、店長と一緒にお仕事をさせてもらい、自分もいつかはみんなに影響を与える冴木店長のような店長になりたいと思うようになりました。

（当初は内心、百貨店から来てスーパーの仕事がわかるのか？と思っておりましたが）

これからも店長と一緒にこの店のため、安富屋なんかに負けないように力を尽くしていく所存です。

まだまだ至らない部分があるかと思いますが、どうぞ引き続きご指導お願いいたします。

意思決定シート

あなたが最適と考える判断・行動を下の欄に記入し、
必要であればその理由などを書き込んでください。

案件17　回答欄

案件18

差出人：**鶴丸百貨店　インナー雑貨課チーフ　本川**
件名：**退職のご挨拶**
宛先：スーパーマルトモ　北上店　冴木店長殿
Cc：
送信日時：20XX年10月29日　11：23

冴木さん

突然ですが10月30日をもって鶴丸百貨店を退職することになりました。

3年ほどの期間でしたが、いろいろとご支援ありがとうございました。

この後は実家の高知に帰り家業を継ぐつもりです。

冴木さんにも励ましていただいて、自分で仕入れをして自分で販売をするという仕事の醍醐味を越後屋時代から味わってまいりましたが、最近では本社が一括で仕入れた商品をただ販売するだけになるばかりか、人員削減で帰宅も毎日深夜となる激務の毎日でした。

そしてついにリストラという形で百貨店業界から去ることになりました。

私の店舗では30名ほど社員が抜けることになりそうで、極度の人員不足に陥りそうです。そこで人事には、冴木さんが百貨店に戻りたいと言っているという情報だけ伝えておきました。

冴木さんも、もう一度百貨店で仕事の醍醐味を味わえるといいですね。

意思決定シート

あなたが最適と考える判断・行動を下の欄に記入し、
必要であればその理由などを書き込んでください。

案件18　回答欄

案件19

差出人：**北上店　日用消耗品部門MGR　杉本**
件名：**稲田さまのクレームの件**
宛先：北上店　冴木店長殿
Cc：
送信日時：20XX年11月4日　18：02

お疲れ様です。

稲田さま宅にご訪問してきました。かなり叱責を受けましたが、少し落ち着かれたようです。ただ厄介なことに、今回のことはやはり看過できないので本社の然るべき部署に連絡する、と話しておられました。

SMGRに原因を調査させていますが、彼はよくうっかりミスをするので、おそらく当方のミスであろうと結論づけています。

そこで、先方が本社に連絡なさる前に原因調査結果とお詫び状をお持ちし、その際にこちらの誠意として商品券3000円分をお渡しするのはいかがでしょうか？

経験上長引くとややこしくなりそうですので。

とにかく、今回の件でお店にご迷惑をおかけしたことをお詫びします。

意思決定シート

あなたが最適と考える判断・行動を下の欄に記入し、
必要であればその理由などを書き込んでください。

案件19　回答欄

案件20

差出人：**北上店　精肉部門MGR　奥田**
件名：**現在の催事について**
宛先：北上店　冴木店長殿
Cc：
送信日時：20XX年11月4日　18：01

お疲れ様です。

他部門の売り場に口を出すつもりはないですが、北海道フェアの鮮魚売り場はひどいと思います。
鮭やタラなどいつもと同じものばかり並んでいて著しく目新し感がないし、装飾にも手を抜いて、ただ北海道フェアのポスターを貼っているだけにしか僕には見えません。そもそも若いMGRだからとも思っていますが、もっと商売に力を入れなければアッという間に顧客は離れてしまいます。
もっと気合を入れるべきだと思い、苦言を呈しました。

以上

意思決定シート

あなたが最適と考える判断・行動を下の欄に記入し、
必要であればその理由などを書き込んでください。

案件20　回答欄

2 解説編

時間内に成果を出すのが仕事

インバスケットでは、あなたの判断スタイルや問題解決のスタイルなど、いままで見えていなかったさまざまなことが見えてきます。

その中でも、最初に目を向けたいのは「仕事の進め方」です。

私たちは案外自分たちの仕事の進め方を知りません。自分たちの仕事の進め方は間違っていないし、これでいいと思っている方が多いからでしょう。私自身も自分の仕事の進め方がそれほどおかしいと思ったことはありませんでした。

だからこそ、インバスケットで、普段のあなたの仕事の進め方を、客観的にご覧いただきたいのです。

ではどのような仕事の進め方が成果を上げるのでしょうか。いくつかの観点でお話をしていきます。

人にはいろいろな仕事の進め方があります。

たとえば、今回のように短時間で多くの案件を処理しなければならない場合、

・とりあえずすべてを処理する
・最初から確実に進めていく

といった進め方をする方がいらっしゃいます。

しかし、インバスケット的にはこれらは間違った進め方です。

まず、最初から確実に仕事を進めていく方は、時間がありあまっている場合はいいでしょう。しかし今回のインバスケットのように、限られた時間で多くの案件を処理しなければならない状況だと、途中で時間がなくなってしまうか、後半の案件はほとんど時間をかけられないような残念な結果になってしまいます。

これを「燃えつき型」といいます。当社調査では全体の6％がこれに該当します。目の前の仕事に全力を尽くすあまり時間に対する感覚が薄く、また全体を見ずに判断したり、計画性のない仕事の進め方をしたりする傾向もあります。

とりあえずすべてを処理するという方にも課題があります。すべてを処理する方の

多くが、時間がないために全案件で表面的な処理に終始している傾向があるからです。この傾向に該当するのは全体で12％ほどになります。

これらの仕事の進め方には、個人としても課題がありますが、ましてやリーダーに当てはめると、重要な案件が十分に処理されなかったり、表面的な処理で終わらせられたりして、リーダーとして不適格と言わざるを得なくなるのです。

インバスケットは、受験者がその職位の仕事に就くとどのような行動をとるのかというシミュレーションでもあります。ですから、インバスケットに答える時に現れる、仕事の進め方を含む案件処理などのパターンは、あなたが実際に仕事をする時にも同じように現れると思っていただきたいのです。

では、リーダーとしてどのような仕事の進め方が望ましいのか？

それは、まず全体を確認して、そのうえで処理の順番をつけるなど、優先順位を設定して進める方法です。

私は受験者の案件処理の内容を見る前に、受験者の仕事の進め方、特に優先順位をつけているかどうかをチェックします。優先順位がつけられないと、いくら処理ができても、成果に結びつかないからです。優先順位設定ができないリーダーはあり得ないというのが私の考えです。

ただし、いくら優先順位を設定していたとしても、あまり影響が大きくない案件の優先順位を高くするなど、いわゆる「的外れな優先順位」を設定するリーダーもいます。

ここからは、リーダーはどのような案件の優先順位を高くするべきなのかを、一緒に考えていきましょう。

インバスケットの優先順位設定は2つの軸で決めます。「緊急度」と「重要度」です。

緊急度とは時間の軸です。納期や提出期限などを指します。

次に重要度ですが、「重要」という考え方は、人によって価値観が異なるので注意が必要です。多くの場合、的外れな優先順位設定は、この「重要度」の間違った使い方が原因となります。なぜなら、重要度とは、ともするとその人が重要だと判断することすべてが重要になってしまう困った尺度でもあるからです。

ですので、自分は何を重要と判断するかという考え方をリーダーに使ってほしくありません。「どのような影響が出るのか」という定量的な考え方を使うべきです。

ですから「影響度」ともいいます。

たとえば、その仕事をしなかったらどのような影響が出るのか？　と考えることと説明するとわかりやすいでしょう。その際に影響度を定量的にとらえることが大事なのです。よく使う尺度が「損失」です。その仕事をしなかったら何を失うのか？　と考えるだけで、多くの方が優先順位を見直すきっかけを摑んでいます。

また、「影響の範囲」という考え方もよく使います。その仕事をしなかったらどの範囲に影響が及ぶのかという考え方です。

「その仕事をしなかったら何が失われるか」に加え、「その仕事をしなかったら誰に迷惑がかかるのか」などと考えるプロセスを入れると、より定量的に優先順位をつけることができて、結果的に成果の上がる優先順位をつけることができるのです。

この話をすると、限られた時間で20個の案件の優先順位を並べ替えるのは難しいという意見をよくいただきます。しかし、優先順位をつけるといっても、目の前の案件すべてに対して優先順位をつけることが目的ではありません。

ここまで説明してきた緊急度と重要度（影響度）を使って優先順位をつけるわけですが、案件が20個あれば、1位から20位までを決めることが大事なのではありません。大事なのは、重要な4分の一とそうでない4分の3に分けることができるかどうかです。つまり、20案件あれば、優先順位の高い5案件程度と、それ以外に分けることが大事なのです。

では、先ほどの20の案件のうち優先度が高いと思われる5案件を選んでみてください。そして次の資料と比較してほしいのです。

インバスケット問題に正解がないのは事前にお話ししました。正解ではないのですが、この問題を実施された方（モニター）がどのような優先順位をつけたのか、集計した資料があります。

この資料は「優先順位実行マトリクス」と呼んでいます（次見開き）。縦が緊急度を表し、横が重要度（影響度）を表しています。

完全な正解ではないのですが、多くの方が優先順位を高くしているものと、あなたが優先順位を高くしたものを比較すると、あなたの優先順位設定のパターンがわかる

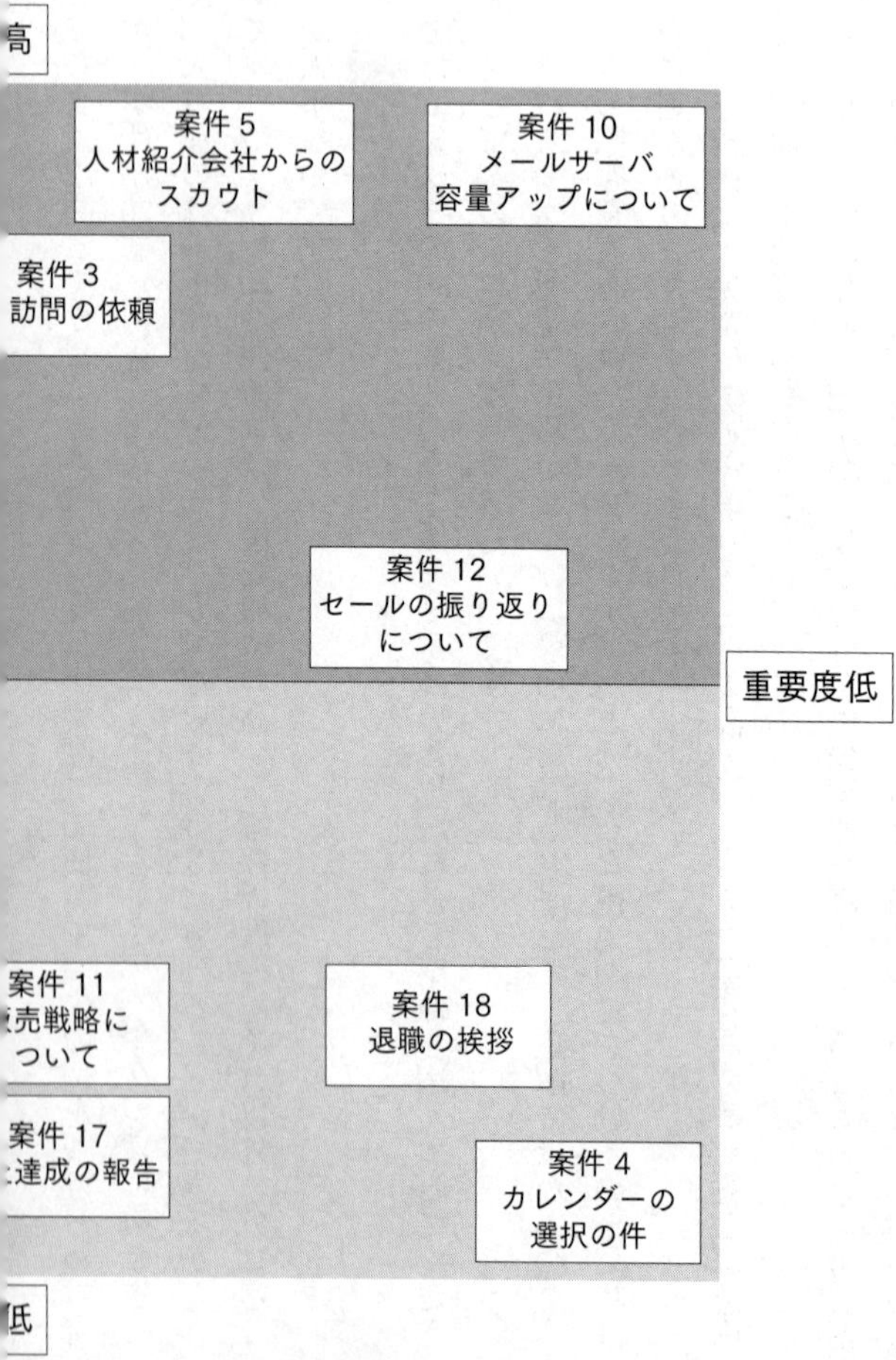
高
案件 5
人材紹介会社からの
スカウト
案件 10
メールサーバ
容量アップについて
案件 3
訪問の依頼
案件 12
セールの振り返り
について
重要度低
案件 11
売戦略に
ついて
案件 18
退職の挨拶
案件 17
達成の報告
案件 4
カレンダーの
選択の件
低

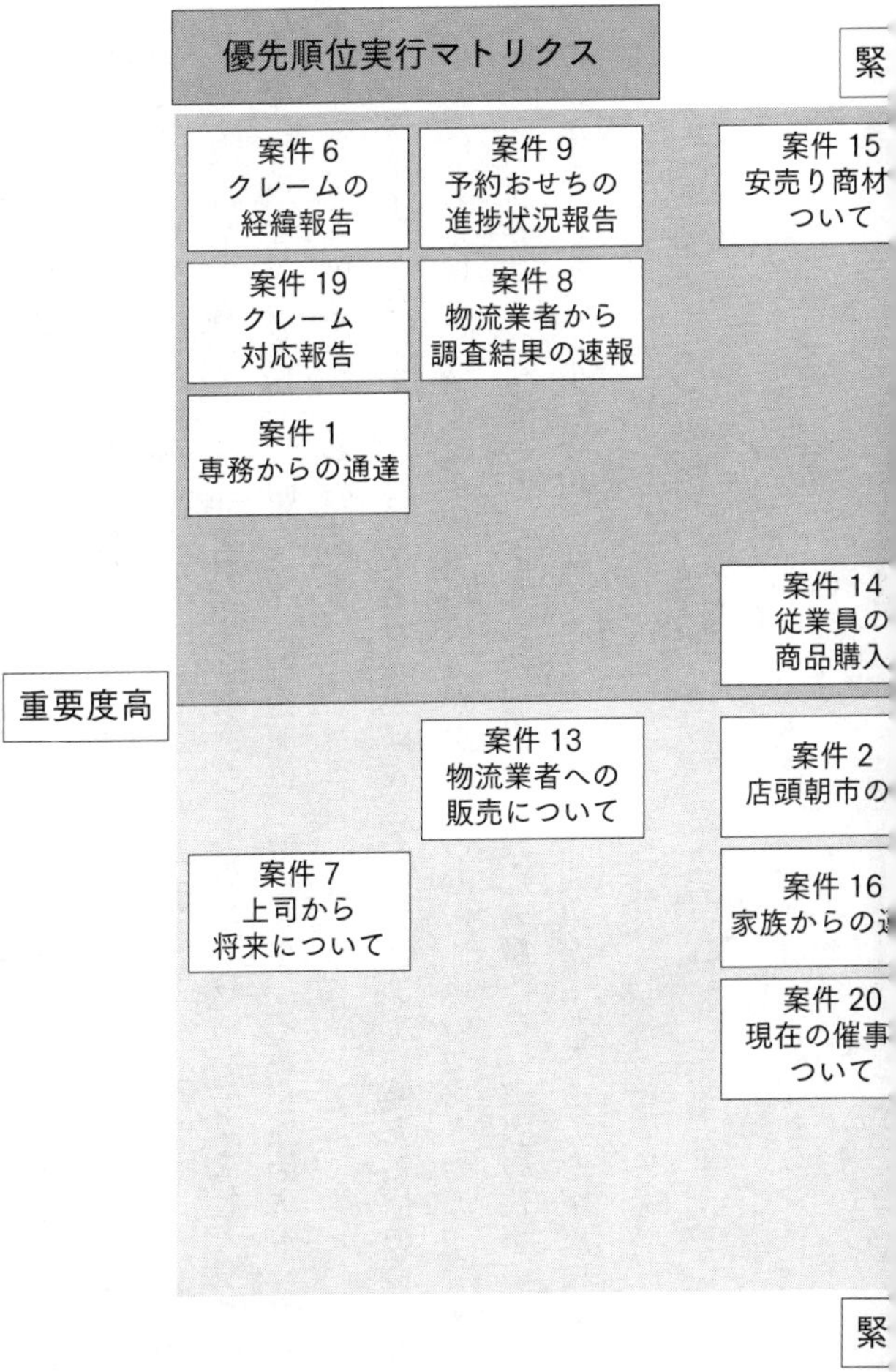

優先順位実行マトリクス
緊
案件 6 クレームの経緯報告
案件 9 予約おせちの進捗状況報告
案件 15 安売り商材 ついて
案件 19 クレーム対応報告
案件 8 物流業者から調査結果の速報
案件 1 専務からの通達
案件 14 従業員の商品購入
重要度高
案件 13 物流業者への販売について
案件 2 店頭朝市の
案件 7 上司から将来について
案件 16 家族からの
案件 20 現在の催事 ついて
緊

でしょう。時間を意識しすぎている、人に配慮する案件を優先するなどです。

もちろんこれを否定するわけではありません。人が大事だと思うことは価値観によって異なるからです。ただし、あなたが優先順位を低くしやすい案件に注目してほしいのです。

たとえば、他の案件との関連を見落としていた、もしくは、リスクを軽く見ていた、などは、実際の業務でも同じように優先順位を低くして、それが原因でトラブルが起きてしまう可能性があるからです。

何の優先順位を高くするかで、仕事の成果は大きく変わります。優先順位のつけ方を少し変えるだけで、驚くほど仕事の成果が上がるのも、仕事の面白さの一つです。このインバスケットで気づいた「あなたの優先順位設定の癖」を、実際の仕事の優先順位設定に活かして、少し変化させてみてください。成果が上がることを実感できるでしょう。

生産性

仕事の進め方を語るうえで、もう一つの大前提があります。それは生産性です。生産性とは、限られた時間内にどれだけアウトプットできるかという指標です。

同じ製品の組み立て作業をしているAさんとBさんがいるとします。1時間でAさんは20個、Bさんは10個組み立てました。同じ製品を組み立てるにもかかわらず、なぜこれだけアウトプットが異なるのか？

これを仕事の生産性といいます。

Bさんは言います。

「私は丁寧に組み立てた。だから10個しかできなかった。もっと時間があれば20個組み立てることができた」

あなただったら、このBさんにどのように言いますか？　私だったらこう言います。

「たしかに丁寧に組み立てるのは大事だ。しかし時間をたくさんかければ成果が出るというのは大間違いである」

ビジネスは、限られた時間で、どれだけの成果が上げられるかが重要です。いかに深く考えても、いかに手を加えても、アウトプットできなければ成果になりません。時間内に成果を上げるのが本当の仕事なのです。

私は、サービス残業をしたり、自宅に持ち帰って仕事をしたりする人を見て、頑張りは認めますが、ビジネスパーソンとしての生産性は非常に低いと評価します。ルール違反をしているだけではなく、1時間当たりで考えるとアウトプットが非常に少ないからです。

時間内に成果を上げるために必要なのは、まず時間を意識することです。時間はいくらでもあると考えたり、作業の終了時間を決めていなかったりすると、生産性は必然的に下がってしまいます。

今回のインバスケットであなた自身にチェックしていただきたいところは、まず60分という時間を意識したかどうか、そしてその60分の使い方を計画したかどうかという点です。この2つを行っているなら、さらに計画の内容を精査します。

生産性の高い仕事の進め方は、ゴールから逆算して計画を立てることです。

仮にすべての案件を処理すると考えた時に、まず全体を把握して優先順位をつける時間、そして案件処理する時間が必要です。案件処理も、すでにお伝えしたように優先順位の高いものとそうでないもので時間配分を変えなければなりません。

ですから、まず案件処理に充てる時間を40分は欲しいなら、必然的に残りの20分で全体を把握して、優先順位をつけることになります。さらに、案件処理も全案件に40分をまんべんなくかけるのではなく、優先度の高い案件に30分、それ以外の案件に10分とメリハリのある計画を立てているかどうかが重要なチェックポイントです。

これらの計画の時間の割り振りはあくまで私のパターンですので、自由に変えていただいてもよいのですが、申し上げたいのは、重要なものの処理時間から逆算して計画を立てるということです。

ここまで生産性という観点でお話ししましたが、生産性はあくまでも一つの指標です。多くの案件を処理するのがいいことではありません。優先順位をつけた、メリハリのきいた仕事の進め方が大事なことは忘れないでください。

案件1

差出人：**第二店舗運営部部長　上杉**
件名：**専務からの通達について**
宛先：第二店舗運営部　全店長殿
Cc：
送信日時　20XX年10月30日　13：02

店長各位

今期も決算に向けてカウントダウンに入ったが、今月の速報値では、全社累計売上達成率93％と苦戦をしているのは周知の通りである。

先月のビッグセールも不調に終わった今、専務より本日の取締役会を受けて、今までの高品質路線から一時脱却して売り上げを重視した販売を実施し、来月の売上目標を必達するよう指示が出された。

ついては商品本部より売り上げ対策商材が各店に提案されるので、各店長は至急、販売計画を作成して売り上げ対策を実行されたし。


なおライバルの安富屋も当社と同様に苦戦しているとの情報が入っている。同様にセールを仕掛けてくる可能性があることも、各店は考慮されたし。

案件1　専務からの通達「売上目標を必達せよ！」

組織は方針を咀嚼して部下に伝える人材を求める【意思決定力】

組織には方針があります。同じホテルでも、「顧客満足を何よりも優先する」とするホテルもあれば、「最小限のサービスで価格を落とす」というホテルもあります。

ただし、どんな方針でも、ただ掲げるだけでなく、現場がそれを実行して初めて意味があります。あなたは組織の一員としてその方針に則《のっと》り目標を目指すのです。

また、あなただけが方針に則って行動するのではなく、部下がいるのであれば方針を伝え、実行させなければなりません。

今回の案件のチェックポイントは、方針を部下に徹底させる方法です。

上から降りてきた方針を、そのまま部下に伝えるだけでは合格点にはなりません。咀嚼して伝えるべきなのです。

私も以前、スーパーに勤めていましたが、上から方針がバンバン飛んできました。

「品切れを撲滅しろ」「売り上げを突きあげろ」という方針が来たかと思えば、翌月には「在庫を抑えろ」「利益を確保しろ」という方針が飛んできます。

これをそのまま現場に降ろすと、現場は混乱してしまいます。

またメンバーによってとらえ方はさまざまですから、伝える際に加工しないと大変なことになります。「品切れを撲滅しろ」とそのまま伝えると、山のような在庫を抱え、大量の廃棄ロスを出すメンバーも出てくるわけです。

したがって、方針の背景も伝えなければなりません。

さらにポイントは、方針を伝える際に自分の意思を入れることです。

たとえば、方針を伝えたうえで、「当部署ではこのようにするべきだと思う」と言い添えると、どこからともなく降りてきた言葉ではなく、リーダーの言葉としてメンバーは受け取ることができます。

このように自分の意思として方針を伝える能力を「意思決定力」といい、方針を徹底させる能力を「計画組織力」といいます。

今回の案件では、まず方針をそのまま伝えるのではなく、咀嚼して伝えることができているか、さらに背景や全体の方針を伝えることができているかなどをチェックしてください。

たとえば「当社の戦略が高品質なのに変わりはないが、今月は会社の方針で売り上げを確保しなければならなくなった。安売り商材も本部から投入されるが、それに頼るだけではなく、品切れを防いだり、接客を強化したりして一品でも多く販売をしていただきたい」などと、自分の言葉で方針を伝達しているかどうかがポイントです。

あわせて、方針を自部署に落とし込んで、各部署に売り上げ確保のたたき台案を作らせるなども、方針を確実に実行させるためには盛り込みたいところです。

組織はキーパーソンを見抜き信頼関係を築く人材を求める【組織活用力】

リーダーは一人で頑張るのではなく、周りを巻き込んで目標を達成することが大事です。このように組織を活用する力を、「組織活用力」といいます。

リーダーから組織を見た時に、部下以外に他部署や上司なども活用できることがわかります。今回は特に、周りから支援を受けるための力に注目してみましょう。

私がスーパーで仕事をしていた時の話です。

私は本部と店舗の間の立場であるスーパーバイザーをしていました。ややこしいクレームを解決したり、店長の指導をしたり、時には店舗のリニューアルも担当します。

あるお店がリニューアルオープンした時の出来事です。

本社の人事部の担当者から、そう言われました。

「鳥原さん、今回はあまり応援を出せないよ」

理由を聞くと、リニューアルする店舗の店長は何かにつけて〝本部批判〟をして、本部からは煙たがられる人間だったのです。応援は各部署の厚意で成り立っていますので無理にお願いするわけにはいきません。大変困りました。

このように、自分の都合で周りに応援を依頼しても、日頃の信頼関係がないと協力体制を取り付けることはできません。リーダーにとって大事なのは、何かあった時に備えて、事前に信頼関係や支援体制を構築することなのです。それも個人としての信頼関係ではなく、組織としての信頼関係を築かなければなりません。

ちなみに、スーパーでは新しく店舗を開設する際には、近隣の住民はもちろん、警察や消防などの官公庁にも挨拶に行き、つねに信頼関係を構築しておくことが店長の大事な仕事になっています。

信頼を構築するのにはパワーも時間もかかります。したがって、誰がキーパーソンかを見抜く力が大事になります。

キーパーソンとは組織の中で大きな影響力を持つ人物のことです。犯しがちな間違いは、役職や肩書でキーパーソンかどうかを判断することです。必ずしもそうではありません。

たとえば、ある人が会議で発言すると多くの人に影響を及ぼすことがあるとすれば、その人は役職についていなくても影響力があるので、キーパーソンになるわけです。会議の際、ある案を通したい時に、そのようなキーパーソンに支援をお願いしておけば、何かでもめたとしてもうまく進むことがあります。

今回の案件では、上司である部長との信頼関係は構築しておきたいところです。今後の支援をお願いすることも大事ですし、自分が不在の間に起きたトラブルに対して支援を依頼する行動も取っておきましょう。

案件2

差出人：**北上店　青果部門MGR　福士**
件名：**店頭朝市の件**
宛先：北上店　冴木店長殿
Cc：
送信日時：20XX年11月1日　17：03

福士です。

先般、ご相談しておりました主題の件ですが、店長のお考えはまだ伺っておりませんが、ほとんどのMGRが継続を望んでおります。

理由は今まで2年間コツコツと実施して、私自身も休日を返上してテント設営などを担当してきました。商品本部や営業企画部にもかなりの援助を頂いており、もう1年は続けるべきだと考えます。

今までやってきた実績を踏まえると、もう少しすれば必ず成果が上がると思います。それに前回は天気も良くありませんでしたので。

案件2　休日返上の朝市、続けるべきか？

組織は情報を活用できる人材を求める【問題分析力】

情報を持っている者はビジネスを制すると言われてきました。

しかし、いまは情報を持っているだけではなく、情報を活用できる力が求められています。

情報を活用する力をインバスケットでは「問題分析力」と呼びます。

以前、不動産屋さんに物件を探しに行った時のことです。

1軒目のお店では、ヒアリングをして、そのうえで物件を5つほど紹介してくれました。

別のお店に行くと、あれやこれやと物件のコピーが出てきて、眼の前に10枚以上並べられました。しかし、こんなにたくさん紹介されても、選ぶほうは大変です。

このように、情報を多く持っていることよりも、その情報を活かせるかどうかが大事なのです。ただ膨大な情報を抱えるのではなく、必要な情報を必要な時に活用できる力が必要になるわけです。

これからますます情報は手に入りやすくなります。それらの情報をうまく仕分けして活用する行動に、今後は評価のウエイトが移っていくでしょう。情報を活用できる人材が組織から望まれているのです。

たとえば、私がある製造業の工場長さんのストーリーでインバスケット問題を作るとして、部下に工場長の仕事について情報をまとめるように指示を出したとします。その際に私が求めるものは、膨大な情報ではありません。

数名の工場長さんの一日のスケジュールや仕事の内容がまとめてあれば助かるのですが、手あたり次第に印刷されたウェブページや書籍を数冊渡されても困りますし、たとえまとめていたとしても、情報が膨らみすぎて、工場長の定義や全国に何人の工場長がいるのかなど不要な情報が入っていると困るのです。

いま私たちを取り巻く情報はもうすでに、自分がとうてい処理しきれない量に達しています。これからも情報量はさらに増加し、私たちは情報の洪水に流されてしまいかねません。したがって不要な情報、判断を狂わせる情報を見極めて、捨てなければなりません。それらの情報は正常な判断を狂わせるだけではなく、混乱を招くこともあるからです。

必要な情報と不要な情報を分別する方法を紹介しましょう。

「定性情報」ではなく「定量情報」を使うのです。

定性情報とは、人によってとらえ方の異なる情報のことをいいます。

たとえば「会社は駅から近い場所にあります」という案内を受けた時に、あなたは駅から何分くらいの場所にその会社があると思われますか？　私なら徒歩5分以内だと思いますが、人によっては「駅と直結している」「駅から15分圏内」などといろいろなとらえ方をするでしょう。近い・遠いはその人の主観ですので、判断に使うには危険な情報だと言えます。

したがって判断に使用する情報は定量情報でなければなりません。

定量情報は、数字などの誰もが同じ尺度でとらえることのできる情報です。先ほどの例で言えば、「会社は駅から5分の場所です」なら20分とは思いませんし、1分とも思わないでしょう。

定性的な情報をこのように定量的な情報に変換する行動は、情報を活用する行動であり、判断を正確に行うための行動なのです。

では今回の案件で、どのような情報の区分けをすればいいのか？

それは、福士マネジャーの主観と事実を区分けすることです。

案件2の福士マネジャーの「ほとんどのMGRが継続を望んでいる」または「必ず実績が上がる」などという情報は定性情報です。ですから、その根拠の裏取りや、資料6の数値などの定量情報を判断に活用しているかどうかがポイントなのです。

組織はバイアスのない判断ができる人材を求める【意思決定力】

判断をあやまる大きな要因に「バイアス」があります。判断をするうえでエラーを起こさせる思いこみを指します。特別な感情が働くことで事実をゆがめてとらえてしまうのです。

リーダーに求められるのは、このバイアスが入らない判断です。

たとえば私は耳栓を愛用していますが、ある時、「NASA」の技術が使われていると謳《うた》った耳栓を見つけました。私は「あのNASAの技術なら間違いない」と思って購入しました。

しかし、後でわかったのですが、この技術は確かにNASAで開発されたのですが、いまは一般的に使われており、とくに大きな効果を生み出すものではなかったのです。これは、「NASA」という名前だけで、この商品は素晴らしいと思い込んでしまう、先入観というバイアスです。

どんな人にもバイアスがあります。もちろん、あなたにもあるはずです。バイアスがあることが悪いのではなく、バイアスによって判断に必要なプロセスがゆがめられたり、飛ばされたりすることが問題なのです。

判断にバイアスがかからないようにする取り組みは、いろいろな会社で行われています。私も部下を持った時は、人事評価をする際にバイアスに影響されないように教育を受けました。半年単位で評価するべきところを直近で大きな成果を上げた人物を過大に評価する「過大化」、すべてを普通として優劣をつけることができない「均等化」など実に多くのバイアスがあるのです。

今回の案件で判断をあやまりに引きずりこみやすいバイアスが「サンクコスト（埋没費用）」です。これは、すでに回収できない費用を指します。

高い価格で買った服なのに、どうもサイズが1つ小さいようで窮屈だとします。しかし、「高かったから」と無理して着る。そんなつらい思いをして着たからといって、払った代金は返ってきません。これもサンクコストです。

いままで1年間宝くじを買い続けたから今年も買わないと損をすると考える人がいますが、何年買い続けても当選確率が上がるものではありません。むしろ、買い続けるという判断で、失うコストはどんどん増えてしまうのです。

サンクコストが惜しいからといって、もっと投資を続ければ成功すると考えることは、何の根拠もなく、事実をゆがめています。判断する時には事実を冷静に、かつ客観的に、バイアスが入らないように意識をしないと、正常な判断はできないのです。

明鏡止水という言葉があります。波打つ水面では映るものをゆがめるように、邪念や主観が強いと目に映るものをゆがめて見てしまうのです。事実をしっかりととらえて判断できるように心がけたいものです。

このように事実を客観的にとらえて判断を行う行動も、インバスケットでは「意思決定力」として評価をします。

今回の案件で、いままでかかった経費やマイナスの利益を取り戻そうとするのは、サンクコストのバイアスがかかっているからです。これ以上利益を減らさないようにどうするかを考えているかどうかがポイントなのです。

これからこの企画を継続するかどうかを判断するために、より高度な情報を集めたり、他店の意見を集めたりするなどの行動が取れれば、正しい判断のプロセスを歩むことができるのです。

案件3

差出人：**杉谷　優馬**

件名：**はじめまして**

宛先：スーパーマルトモ　北上店　冴木店長様

Cc：

送信日時：20XX年10月30日　22：48

僕は先輩が卒業された大学の経済学部4年の杉谷優馬と申します。

冴木さんのことは、ゼミの大塚教授から聞きました。

僕の就活が厳しいことを話すと、ゼミの先輩である冴木さんを訪ねてみろとアドバイスを受けました。

OB訪問させていただけないでしょうか？

11月7日に伺いたく思っています。

僕もアルバイトでスーパーの仕事はしたことがあります。

スーパーマルトモに興味があります。

よろしくお願いします。

案件3　後輩就活生、突然のOB訪問依頼

組織は部下や周りに配慮できる人材を求める【ヒューマンスキル】

以前採用面接をした人の中に、こんな方がいらっしゃいました。面接官（私）の前では非常に低姿勢で、おしゃべりが上手なのに、エレベーターホールまで見送りに行った女性スタッフには一言も話さないばかりか、帰りにスタッフが挨拶をしても無視してエレベーターに乗り込んだのです。いかに素晴らしい経歴や能力を持っていたとしても、この方が当社で活躍できる範囲は非常に狭いと思い採用を見送りました。これは「ヒューマンスキル」の欠如による残念な結果です。

仕事をするためには大きく3つのスキルが必要といわれています。

1つ目はテクニカルスキル。これは商品知識やパソコンの使い方などの実務的なスキルです。

2つ目はヒューマンスキルです。「対人関係能力」ともいわれ、人とコミュニケーションを取ったり、配慮や感謝の言葉をかけたりするなどの能力です。

3つ目はアドミニストラティブスキル。これは職務遂行能力を指します。判断や問題解決などの能力です。

図（次ページ）のカッツモデルが示しているのは、上位職になるにつれて、徐々にテクニカルスキルよりもヒューマンスキルやアドミニストラティブスキルが必要となってくることです。たしかに、社長さんは細かい商品説明やパソコンの使い方を知るよりも、大きな方向性を判断することのほうが大事ですものね。

さらに注目してほしいところは、ヒューマンスキルはどの職位にも一定の比率で必要であることです。いかに仕事ができても、よい人間関係を構築する力がないとダメなのです。

では、ヒューマンスキルを発揮するには、どのような行動が必要か？

特別な行動は必要ありません。挨拶をしたり、感謝の言葉をかけたり、感情を表現するなどの行動です。平常時だけではなく、時や相手を選ばずヒューマンスキルを発

■カッツモデル

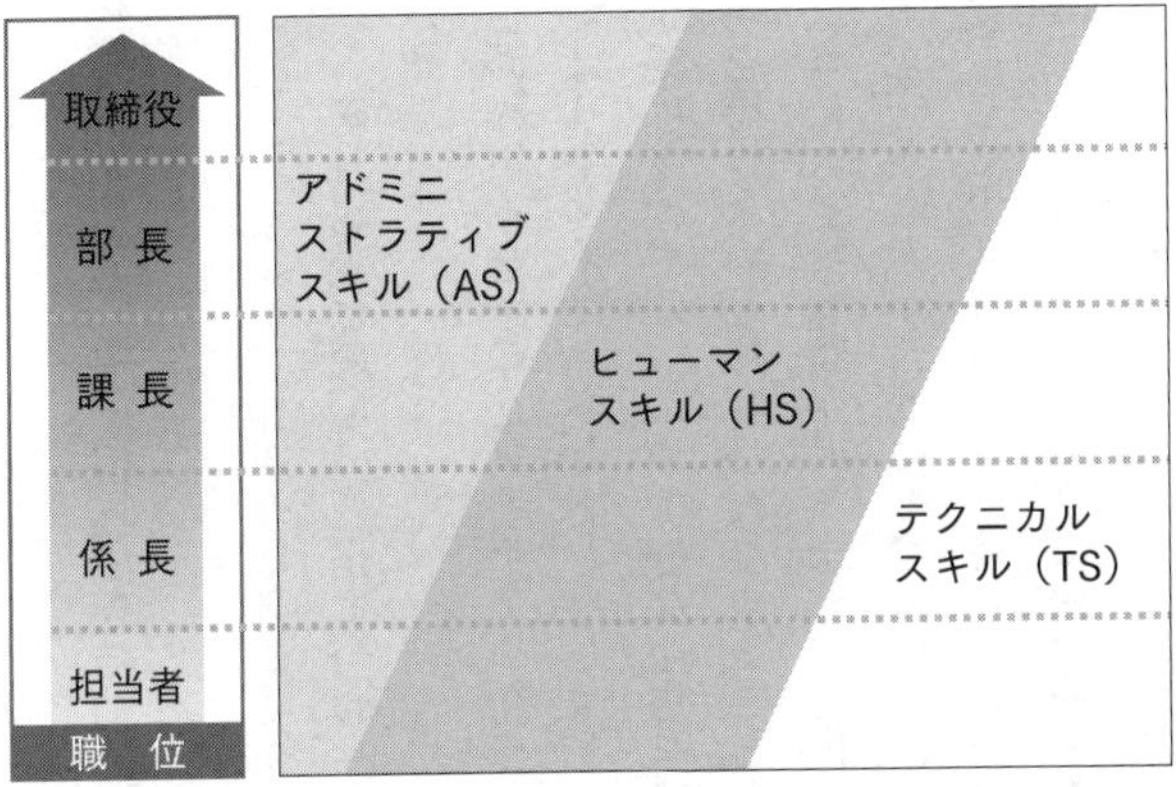

揮できるかどうかも大事です。どんな時も、どんな相手であっても発揮できるのが、真のヒューマンスキルです。セールスの電話だからといって邪険に断るような行動は、真のヒューマンスキルが発揮できていない証拠なのかもしれません。

今回の案件でも、相手への配慮や同情、感謝などの言葉があるかどうかを見てみましょう。

「大変だね」「よく連絡をくれたね」「ありがとう」

表現方法はさまざまだと思いますが、相手への心遣いができているか、もう一度見直してみてください。

組織は枠組みを破った発想を持つ人材を求める【創造力】

組織である以上、枠組みは必要です。統一も必要です。それらを守ることも大事ですが、それ以上に環境の変化に合わせて枠組みを崩すことも、生き残るためには必要なのです。

この枠組みを破ったアイデアや発想を出す行動を「創造力」といい、インバスケットではリーダーに必要な能力の一つとして評価されます。

企業によっては、このような発想を持ち合わせる人を「変人」扱いしたり、危険な思想を持つ人物と評価したりすることがあります。私から見ると、逆にそういう組織のほうに大きな課題があります。変化して生き残ることが目的であるはずなのに、枠組みを守ることが目的になっているように感じるからです。

変化して生き残るには創造力は欠かせません。しかし、創造力が発揮されないとしたら、それは知らず知らずに狭い枠の中でアイデアを出そうとしているからです。枠組みにとらわれなければ、一気にアイデアが生まれ出します。

たとえば、缶詰も保存食という枠組みで考えれば、それほど市場は拡大しません。グルメ志向の缶詰で一缶1万円以上のものもあるでしょうし、食べごろがある缶詰なども、枠組みを外せば考えることができます。食品という枠組みを外せば、空気の缶詰、砂の缶詰などさまざまなアイデアが生まれてきます。アイデアがないのではなく、アイデアが出ない枠組みがあるのです。

枠組みを打ち破るには、まずとらわれている枠組みが何かを知ることです。これを日頃から意識すれば、アイデアや発想は無限に出てくるはずです。

今回の案件で創造力を発揮していただくとすれば、この大学生の相手とは時間が合わないため、代替案を出せるかどうかがポイントです。自分が対応しなければならないという枠組みを外すと、別の社員に説明させたり本社に対応を依頼したりする代替案が出るでしょう。日程や場所も枠組みを外すことで代替案を出すことができます。

このように枠組みを外せば一見無理だと思ったことも可能になるのが、創造力の素晴らしいところです。

案件4

差出人：**北上店　総務・レジ担当部門MGR　柿村**
件名：**カレンダーの選択の件**
宛先：北上店　冴木店長殿
Cc：
送信日時：20XX年11月4日　12：30

TO 店長殿

従業員休憩室に貼っているカレンダーの件ですが、検討した結果、2社のカレンダーの内、どちらかが良いのではないかという結論に達しました。

恐れ入りますが、どちらのカレンダーにかえるべきかご判断お願いします。
・丸菱缶詰様カレンダー（A4サイズ／月めくり）は、缶詰が前面で背景が季節の風景でわたくし的には評価はBです。
・リーマイ小麦粉様カレンダー（A3サイズ／月めくり）は、リーマイのロゴが前面にあり、背景に季節の小麦畑があります。わたくし的には評価はBです。
あと、関川化学様カレンダー（卓上サイズ／日めくり）は、「今日の言葉」が毎日書いてあるので、みんな元気になりそうで、これも評価はBです。

また、今貼っている水元製菓様のカレンダーは処分でよろしいでしょうか？

倒産されたのでお返しすることもできませんので。

案件4　従業員休憩室のカレンダー、「評価はBです」

組織は部下に任せることのできる人材を求める【計画組織力】

部下に仕事を任せていて、多くの方が感じるのは、「自分だったらこうするのになあ」というもどかしさではないでしょうか。

しかも、作業ならやり直しをすれば済みますが、判断に関しては、「どうしてそんな判断をしたの？」と、ついつい口をはさみたくなることを、私も経験しました。

しかし、部下や後輩がいる立場にいながらすべて自分が判断するのは、よいことではありません。任せるという判断もしなければならないのです。

インバスケットでも必ず判断や仕事を誰かに任せることができるかどうかを評価する案件をいくつか入れています。「判断や仕事を部下に任せる」という行動は、インバスケットでは「計画組織力」として評価されます。

リーダーとして部下に任せると判断するのは、自分の仕事をするうえでも必要です。すべての仕事を自分が背負うと、本来やらなければならないことができなくなりますし、部下も成長しません。任せることができないリーダーは、リーダーとして失格と言いきっていいと思います。

私も初めて部下を持った時、初めて部門を任せられた時は、本来部下がすべき判断を自分が行い、任せるだけの部下がいないことをグチることもありました。しかし、それは自分に任せる技術が足りないのだと気づきました。

自分がやったほうが早い、または部下に能力がなく任せられないというのは、任せる方法を知らない言い訳だったのです。

「任せる」によく似た言葉があります。「丸投げ」です。

この違いはおわかりになりますか？

「任せる」には最低次の4つの条件が必要です。

まず1つ目が、任せるうえで方向性を示すことです。ランチに行って、お店で「お任せでお願いします」といっても、店員さんは戸惑ってしまいますよね。これと同じで、仕事を任せる時には目的や方向性を示さなければなりません。

２つ目に、任せたことに対して障害が発生した時は支援をしなければなりません。「お前に任せたのだから、お前が解決しろ」では任せたとはいえません。もちろん、任せたのにもかかわらずあれやこれやと口をはさむのはよくありませんが、本人が乗り越えられない障害や予想外の障害が発生した時は、助言を与えたり相談相手になるなどの支援はしなければなりません。

３つ目は、報告を受けることです。任せたからには報告を受ける責任も伴います。投げっぱなしになっていないかをチェックすることが必要なのです。

４つ目は、任せたことの結果責任を取ることです。実行責任は任された側にあったとしても、任せた結果失敗したとしたら、任せた側が責任を取るのです。

他にも任せるという行動にはまだまだ押さえるべきポイントがあるのですが、抜け漏れしやすい点をまとめると、この４つになります。

今回の案件も、自らが判断するのではなく、判断を任せるという行動が取れているかをチェックしてみたいところです。また、先ほど説明した任せる条件が入った任せ方をしているか、それとも丸投げ傾向が強いのかもチェックしてください。

案件 5

差出人：OHクリエイト（株）吉田茂樹
件名：冴木様　あなた様をお迎えしたい会社があります
宛先：スーパーマルトモ　北上店　冴木店長様
Cc：
送信日時：20XX年10月30日　13：02

冴木様

お世話になります。

OHクリエイトの吉田です。

先日、百貨店業界の交流会で冴木様とは名刺交換をさせていただきました。その際に私の仕事はコンサルタントとお伝えしましたが、実はヘッドハント専門の人材紹介会社でして、今回メールを差し上げたのは冴木様をお迎えしたいという企業様があったからです。

その企業様は某百貨店です。その紳士靴売り場責任者としてお迎えしたいと、先方の人事担当責任者がおっしゃっています。

条件などは先方の責任者の方と詰める形になりますが、失礼ながら冴木様の現在の年収よりは良い条件を出すとおっしゃっています。ご希望額はおありでしょうか？

先日の交流会で、いつかは百貨店に戻りたいとおっしゃっていましたが、この話をお受けになるお気持ちがございましたら、11月5日中にお返事を頂けますか？（先方はお急ぎらしく、期限が過ぎると話が流れてしまう恐れがあります）どうかよろしくご検討ください。

案件5「私、実はヘッドハント専門の人材紹介会社でして」

組織は比較検討できる人材を求める【問題分析力】

皆さんにはこんな経験がありませんか？　限定○個と言われて、つい買ったものの、買った後に後悔をした……。衝動買いという行動ですね。判断の速さはよいにしても、きちんとしたプロセスをたどらず判断に至ることで結果的によくない判断になってしまうのです。

「これはいい」と思ったとしても、必ず一息ついて考えていただきたいのは「判断の根拠」です。

思いつきやひらめきは「根拠のない判断」です。だから、裏付けのための情報収集が必ず必要になるわけです。

先日取材で新聞社の記者さんがお越しになられました。記者の方の問題分析力は本当に素晴らしいと思いました。正しい情報を伝えるために、私がお話ししたことも片っ端から裏付けをとります。そして他の情報と比較して信憑性を確認するのです。

情報を集め、比較するという行動をインバスケットでは「問題分析力」として評価をします。


正しい判断をするためには、比較は欠かせません。あなたが新しいスマホを買うとしましょう。ある機種が目に留まり、気に入ったとします。そこで購入するという流れになると思うのですが、その前に他の機種の情報を仕入れて、いま買おうとしている機種と比較するプロセスを入れるとさらに判断の精度が高くなります。

「比較」というプロセスは、ビジネスの中では多く取り入れられています。相見積もり、コンペなども比較をするプロセスです。

私も会社員の頃は企画書を上司に承認していただく際に、必ず2案持っていきました。比較して選んでもらうためです。

比較して選ぶプロセスを取り入れると、判断の精度を高めるばかりか、自分自身の提案を通すこともできるのです。

今回の案件では、この「比較」というプロセスがとられているかをチェックしてみてください。たとえば、いったん保留にしてもらい、他の案件との比較や、比較のための情報収集をしているかを見ればいいでしょう。

いい話だからといって、すぐにその話に飛びつくのは、早急すぎる判断として注意が必要です。

組織は交渉で成果を上げることのできる人材を求める【計画組織力】

折衝するのは仕事を進めるうえで不可欠です。

大事なことは、自分自身が実現したいことを相手に理解してもらうために、明確なゴールを決めて、そこにたどり着くまでのストーリーを作ることです。

しかし、折衝しているうちに相手のペースにはまってしまうこともあるでしょう。

以前当社の営業社員が取引先に行った時に、自社の商品を売り込むどころか、相手の会社の製品パンフレットをたくさんもらってきて、購入を検討していることがありました。売りに行ったのに売られて帰ってきたわけです。

なぜそんなことになってしまったのか？

それは相手の折衝力の強さだな、と感じました。

折衝力の中でも、アンカーをどこに打つかが結果を左右します。

アンカーとはいかりのことです。アンカーを落としたところに議論がぶら下がるので、アンカーの落としどころは大事です。

たとえば価格交渉の際に、あなたはその製品を1万円で売りたいと考えて、スタートを1万円にしてしまうと、安く買いたい相手と折衝していくうちに1万円以下に売値はついてしまいます。交渉は徐々に相手に妥協していくことが必要なのです。

だからこそ、アンカーを1万円に落とすのではなく、1万円以上にアンカーを打つことで、最終的に1万円で決着できるのです。

しかし、いくらアンカーが大事だからといって、自分の考えだけでアンカーを落としてしまうと議論にならないこともあります。

先ほどの例で申し上げると、アンカーは高ければ高いほどいいとばかりに2万円に打ったとしましょう。自分の買いたい価格とは大きな乖離《かいり》があるので、相手は議論しなくなり、結果的にあなたは販売することもできなくなります。

ですから、交渉をうまく進めるには「WIN-WIN」が大事なのです。WIN-WINは自分も相手も「勝つ」状態になることです。

自分だけが短期的な利益を得たとしても、相手や周りが利益を失うことになれば、長期的には自分も利益がなくなってしまうことになるのです。だから「WIN-WIN」の関係を意識した交渉が必要なのです。

このようにWIN-WINを意識しながら、自分の目的に沿った結果につなげる折衝行動を計画組織力として評価します。

今回は相手から要求を聞かれていますので、「お任せします」と判断するのではなく、自分なりのゴールを考えて、そのうえでアンカーを打つような交渉ができればいいですね。たとえば「いまの年収より10％以上はと考えています」などのようにです。

もちろん、WIN-WINの関係を意識しているかもチェックしてください。

相手にとって受け入れられないような条件を出すのではなく、「詳細についてはお話し合いで決めたいと思います」など相手への譲歩の姿勢なども出せていれば、なお素晴らしいと思います。

案件6

差出人：**北上店　日用消耗品部門SMGR　武田**
件名：**稲田さまクレームの件顛末**
宛先：北上店　日用消耗品部門　杉本MGR殿
Cc：北上店　冴木店長殿
送信日時：20XX年11月4日　16：02

武田です。今回の稲田さまのクレームにつき経緯をメールにて報告します。

11月2日　稲田さまが来店、快気祝いとしてタイガー洗剤セット（品番TGR-50）を8セット購入（レシート時間15：32)。その際にマニュアル通りギフト送り伝票をご記入いただくように依頼したが、目が悪く書けないとのことで武田が代筆。何度も確認をして記入をした。

11月4日　稲田さまから電話（11：10頃）で、送り先の萩原さまから、注文した商品と異なる商品が届いたと連絡があり、電話を受けた吉川（パート）が運送会社に確認したところ、誤送が判明した。商品が異なるばかりか、上書きは「ご霊前」であった（稲田さまから伺ったのは「快気祝い」)。すぐにお詫びと代替品をご用意するも、萩原さま稲田さまともにご立腹で受け取りを拒否された。

運送会社にはどうしてこのようなことになったのかを報告するように指示しています。当店には落ち度もなく厚意で行ったことがこのような結果になりショックです。

案件6　注文と異なる商品を「ご霊前」で誤送！

組織は大きな方向性を提示できる人材を求める【意思決定力】

的外れな判断をしていると実感した思い出があります。

以前、スーパーにいた時に、かつてないほどのセールを行うことになりました。売れれば大当たり、残れば不良在庫の山です。各売り場の責任者を前に、私は「この商品はこの程度発注するように」と、商品ごとに指示を出しました。

リーダーとして適確に判断を下していると思ったのですが、後で考えると、部下は商品ごとの細かい指示ではなく、もっと別の判断を私に求めていたのだな、と気づきました。

別の判断とは「方向性」です。

単品の商品の発注は部下でもできます。しかし、部下にできないのは、全体の方向性の判断です。つまり、私は部下ができる判断を自分がして、自分にしかできない判断をしなかったのです。

リーダーに求められるのは、細かい判断よりも大きな判断です。

方向性や決断などはリーダーの仕事なのです。

もちろん、少ない時間と情報の中で大きな判断をするのには、時には苦痛が伴うかもしれません。リーダーといえど判断を避けたくなることもあるでしょう。

しかし、部下ができない判断をするのがリーダーの仕事であり、その判断に伴う責任を取るのがリーダーにしかできない仕事なのです。

ですから、もしあなたが新しい部署のリーダーになった時に、まず取りかからなければならないのは、その部署の方向性を決めることです。課題を見つけ、情報を集め、いち早く方針や方向性を決めること。これがリーダーの下すべき判断なのです。

この行動をインバスケットでは意思決定力として評価します。

トラブルが発生した時も、ついつい細かい判断をして具体的な指示をしたくなります。そのようなマイクロマネジメントと呼ばれる細かい具体的な指示も時には必要ですが、それは方向性や方針ができた前提で行うべきです。

今回の案件では、情報収集なども重要ですが、まずはこの案件に対する解決の方向性を打ち出せているかどうかがポイントです。その方向性に自分の意思が入り、相手に伝わる明確なものであることが評価のポイントになります。

組織は全体を網羅できる人材を求める【洞察力】

私たちは全体を知っているようで、ごく限られたことしか知りません。

先日クレジットカードの更新があり、カード会社から新しいカードが送られてきました。その中にカードの特典が書かれた冊子が入っており、ペラペラとめくりました。すると、海外に行ったときの保険が付帯されていることや、海外で病気になった時に24時間対応してくれるデスクがあること、さらには、よく使うスーパー銭湯の割引が受けられることなどが書いてありました。

買い物するときに利用するという、カードの限られた機能だけ見ていた結果、入らなくてもよい保険に入っていたり、受けることのできる特典を放棄したりしていたのだなと実感しました。

これは日常の些細な話かもしれませんが、大きな判断をする際には、なおのこと全体を見ていなければ誤った判断をしてしまいます。

全体を見抜いて判断したり、計画したりすることを「洞察力」と呼びます。

私は経営者ですので、会社の経営計画を作っています。

まず10年の経営計画を作り、次にそれを達成するための5年間の計画を作ります。そして1年、各月に落としていきます。

なぜ、1年の計画ではなく10年の計画から始めるのか？

それは、全体の地図を描かないと、部分の地図も描けないからです。

今年は「売り上げを確保」という方針、しかし来年は「シェアアップ」という方針では、1年という単位ではいいかもしれませんが、長い期間で見た時にちぐはぐになり、何の効果も生み出さないことがあるからです。部分ではよくても全体では整合性がなかったり、方向性が定かでなかったりするのです。

だからこそ全体を見ることを意識しなければならないのですが、今回のインバスケットのように、時間の制約や強い圧力がかかる中では、どうしても目の前のことに集中して、視野が狭くなります。そのような場合は、ぜひ頭の中に気球を思い浮かべてほしいと助言をしています。

気球は地面に近づくと、より鮮明に、より細かく地上が見えます。しかし一方で遠くが見えにくくなります。逆に高くまで上がると、全体は見えるのですが、地上の細かいところは見えにくくなります。

私は、リーダーは低い気球も高い気球もどちらもダメだと考えています。

一番いいのは、時には高く、時には低く。狭い範囲しか見えなくなっていることに気がついた時は、高くまで上がり遠くを見る。一方で時には気球を低くして、現場に入り込むことも必要なのです。

今回の案件では、この案件に関連する情報をつなぎ合わせることが大事です。

たとえば、案件8や案件19と関連づければ全体像が見えてくるはずです。この案件だけで判断するのは、早急かつ狭い視野での判断となってしまいます。

組織は問題を未然に防ぐ人材を求める【問題発見力】

仕事は問題解決です。お客様のニーズに合わせた商品やサービスを作ることも、部下の相談に乗ることも、いいかえれば問題解決です。

昔、私の部下が大きなクレームを解決して鼻高々で報告しにきた時、木端微塵《こっぱみじん》に叱ったことがあります。ダメな問題解決だったからです。

問題解決は目の前のトラブルをうまく切り抜けることではありません。問題解決の真の目的は、起きた問題を二度と起こさないようにすることだからです。

先ほどのクレームを解決した部下の事例に当てはめると、起きたクレームをうまく収めるだけでなく、二度と同じクレームが起きないように「トラブルを未然に防ぐ方法」を取るべきなのです。

そのためには目の前で起きている問題だけを見ていてはいけません。

現象として起きている問題を「見える問題」といいます。問題発見は問題解決のスタート地点ですので、「見える問題」だけを見つける問題発見では表面的な問題解決になり、また同じ問題が発生してしまうことになるのです。

おそらく、うまく目の前の問題を解決したとしても表面的で、時期が来ればまた再燃するでしょう。これでは延々と火消しを続けなければなりません。

だからこそ、「見えない問題」を見つけるような問題発見をしなければなりません。

見えない問題とは「見える問題の背景にある問題」です。たとえばクレームが発生したという見える問題があれば、必ずクレームが発生した背景や真の原因などの見えない問題があるのです。本当の問題解決はこの見えない問題を事前に発見し問題発生を防止することなのです。

今回の案件でチェックするべき箇所は、目の前の問題の処理だけに終始するのではなく、原因の究明に併せて、再発の防止まで手を打つ行動を取っているかという点です。

たとえばマニュアルを守っていない点、またはマニュアルが完全ではない点を問題とできるかどうか、萩原さま宅に別の商品が届いたということは、荷物が入れ替わって別のお客様宅にも違った商品が届くリスクがあることを見抜けるかどうかがポイントです。

案件7

差出人：**第二店舗運営部部長　上杉**
件名：**【親展】君の将来について**
宛先：第二店舗運営部　北上店　冴木店長殿
Cc：
送信日時：20XX年11月2日　20：57

冴木店長
先日の話だが、君の将来の希望が聞けて良かった。

私はもともとマルトモ出身でセルフ販売主体のスーパーの世界しか知らなかったが、逆に君の話から、百貨店の対面販売の魅力を知った。

君はマルトモの店長としても功績を残しているので、越後屋本社の人事に掛け合ったところ、新潟ではないが、長野店のアクセサリー売り場主任という待遇で内示を得ることができた。

発令は2ヵ月後になると思う。

給与面は現在と同額で話をつけている。

私としては優秀な部下を手放すのは非常に残念なのだが、君のキャリアを考えればいい話だと思う。話はすでに進めているので安心していい。

案件7　上司から来た2ヵ月後の異動の話

組織は相手を受け入れることができる人材を求める【ヒューマンスキル】

「消しておきました」

　部下にそう言われて唖然としました。

　この後の会議でみんなに説明するために、ホワイトボードに書いておいた計画をすべて部下が消していたのです。

　皆さんだったらこの部下にどのように接しますか？

「どうして勝手なことをした！」と叱るか、ショックを受けながらももう一度黙々と書き直すか。

　インバスケット・トレーニングを行っていると、結果ではなく、プロセスを評価する癖が身につきます。先のホワイトボードの例で考えると、結果は、勝手にホワイトボードを消したという悪い評価になりますが、プロセスで見ると、自発的に仕事をしたという良い点と、確認なしに行動したという悪い点に分けられます。

そう考えれば、頭ごなしに叱る前に、「自発的に消してくれたのは感謝するが、消す前に確認をしてほしかった」と、良い点と悪い点を伝えることができます。


このように相手の考えや行動を受け止めたり、指導するべき点を指導したりする行動を「ヒューマンスキル」と呼びます。

「YES－BUT法」をご存知でしょうか？　相手の言い分をいったん受け入れて、そのうえで自分の意思を伝える話法です。

あなたは上司から、飲みに誘われたとします。しかし、あなたはあまり気乗りがしません。

このような状況であなたはどのように上司に返事をするでしょうか？

「あまり気乗りがしないのでやめておきます」でしょうか？

「わかりました。お供します」でしょうか？

このような状況でこそ「YES－BUT」を使っていただきたいのです。

「お誘いいただきありがとうございます。ただ、今日は所用がありまして、次回誘ってください」

もちろんセリフは変えていただいて結構ですが、相手の言いたいことをいったん受け入れて、そのうえで自分の意思を伝えることができれば、相手を傷つけず、かつ自分を守ることもできるのです。

今回の案件では、まず上司に、尽力してくれたことに対する「感謝」を伝えているか、また一方で自分の意思を明確に相手に伝えることができているかをチェックしてみてください。「ＹＥＳ－ＢＵＴ」ができていればヒューマンスキルが非常に発揮できていると言えるでしょう。

組織は情報を組み合わせて複合的に考える人材を求める【洞察力】

断片的な情報は判断を狂わせます。

３６０度評価という言葉があります。これはその人を評価する際に、ある方向からだけ見るのではなく、すべての方向から見て評価しようとする手法です。

たとえばあなたが部下Ａさんの人事評価をするとします。その際にあなたが評価するのは、あくまで上司から見たAさんの仕事ぶりであり、一方向から見た評価になります。

そこで、上司の上司、部下、取引先、同僚など、さまざまな関係者からの評価を組み合わせてAさんを総合的に評価するのです。

その結果、上司から見るといまいちの仕事ぶりでも、部下から見れば信頼できる先輩で面倒見が非常にいいところがあるのかもしれませんし、取引先から見れば強固な信頼関係を構築しているのかもしれません。

つまり、断片的な情報は事実をゆがめてしまう恐れがあるので、いくつかの情報を組み合わせて事実が何かを掴むことが組織では求められるのです。

このように情報を組み合わせて判断することを「洞察力」と呼び、インバスケットでは評価の対象になっています。

情報は何層もの層から成り立っていますから、インターネット上に出回っている情報だけでは不十分です。その情報の発信源が定かでない場合もあり、いつの情報か、信憑性はどうなのかと考えると、それらはごく表層的なものかもしれないのです。

一般に出回っている情報は「顕在情報」といいます。部下の報告や新聞、先ほどのネットの情報も顕在情報になります。

逆に出回っていない情報を「潜在情報」といい、この情報をいかに収集し判断に活用できるかが、判断の精度に関わってくるのです。

今回の案件では、実際の状況を部長伝いではなく、自分自身で越後屋本社の担当者と会って話をする場を作ってもらうなど、自分自身で確かな情報を得る行動を取りたいところです。

案件8

差出人：**越後屋物流サービス（株）北上支店　岸田智弘**
件名：**調査結果の速報です**
宛先：スーパーマルトモ　北上店　日用消耗品部門　杉本MGR様
Cc：スーパーマルトモ　北上店　冴木店長様
送信日時：20XX年11月4日　21：19

スーパーマルトモ
北上店　日用消耗品マネジャー　杉本様
お世話になります。

越後屋物流の岸田でございます。

この度は大変ご迷惑をおかけしております。

伝票番号9845A213W2の件でございますが、どうやら当方の送り状仕訳間違いによって起こった可能性が高いことがわかりました。

集荷したドライバーから聴き取りをしたところ、本来出荷時に商品に貼り付ける伝票を、集荷締め切りが迫っていたため商品と伝票とを別々に預かり、配送センターで貼り付けたとのことでした。その際に、御社のご担当者様から頂いたメモを紛失していたため、記憶を頼りに貼ってしまったとのことでした。

まことに申し訳ありません。今後はこのようなことのないようにいたしますのでどうぞご容赦ください。なお、お客様には当社からもお詫びの書状をお送りする予定です。

※資料7の送り状を参考にしてください。

案件8　誤送の原因がわかった！

組織は原因を究明できる人材を求める【問題分析力】

「想定外の事故」という言葉が一時期流行しました。

たしかに想定できないことはあるでしょう。でも私はその言葉を部下が使った時に厳しく叱責しました。なぜなら、「想定外の事故」にすることによって「発生しても仕方がない」とばかりに原因究明をしなかったからです。

たとえ想定外の事故でも、「火のない所に煙は立たぬ」ということわざ通り、何らかの原因があったから事故が起きたのです。ですから、「想定外だから仕方がない」と、あたかも二度と起きないかのように考えるのはビジネスマンとして失格だと部下に伝えたかったのです。

私にも苦い経験があります。

以前、スーパーの仕事で、私の担当する売場が大がかりな盗難被害にあいました。マニュアルに基づいて原因究明を行いましたが、特にこちらの非が見当たらず、「プロの犯行で防ぎきれなかった」と上司に報告しました。ところが上司からは「わからない原因はない。調べ方が間違っている」と厳しい言葉をもらったのです。そのあと上司は、専門家の意見を聞いたり、防犯カメラで侵入経路を特定したりして、私の売り場の死角や警備上の問題を究明したのです。

原因は明確にあった。原因がわからないとすれば、それは原因をうやむやにしたい人間の感情や、調べ方を知らない無知のせいなのです。

原因が明確にわからないと、再発防止策を立てることができませんし、あいまいな原因追及ではあいまいな対策しか立てられず、効果を生み出すこともできません。ですから部下や当事者からあいまいな原因報告が上がってくれば、さらに高度な情報収集をして、明確な原因追及をしなければなりません。

この原因を追及する行動をインバスケットでは「問題分析力」として評価します。

たとえば一人の部下が原因を発見できない時、〝別の方法で調査させる〟または

〝別の部下に調査させる〟などの行動を取らなければなりません。その道の専門家に相談させるのもよい方法です。

リーダーの仕事は、起きたトラブルをうまく収めるのではなく、なぜそのトラブルが起きたのかという問題意識を持って、真の原因を見つけ排除することなのです。

今回のケースでは、物流会社のあいまいな原因報告をただ受け取るのではなく、もっと明確な調査を要求し、場合によっては自分自身が調査に乗り出したり、当事者を集めて原因究明のミーティングをしたりするなどの行動を、リーダーとして取りたいところです。

組織は主体性を持った人材を求める【当事者意識】

インバスケットでは、問題解決や判断などの特性を評価する他に、仕事の進め方や仕事に対する意識を分析することもできます。

今回は仕事に対する意識、特に「主体性を持って仕事に取り組んでいるか」という「当事者意識」について振り返ってみたいと思います。

あなたは主体的に業務に取り組んでいますか？　と皆さんに質問すると、ほぼ全員がイエスとお答えになります。しかし、1万名以上のリーダーのインバスケット回答を分析すると、主体的に仕事に向き合っているリーダーは非常に少ないことに驚きます。

「その件は別の部署に聞いてください」

「前例を確認すると、その依頼は難しいと思います」

私たちは自分を守るために、知らず知らずのうちにこのような、本来は関われるはずなのに、まるで他人の仕事であるかのように仕事を振り払っていることがあるのです。ひどい例になると、自分が判断するべき事柄を、まるで他人の仕事のようにすり替えたり、部下の責任にしたりするなどして責任転嫁に力を入れている情けないリーダーもいます。

「触らぬ神に祟りなし」といいますが、インバスケットにおいては「触らぬ神は祟りあり」なのです。

主体的な仕事の受け方とは、まず自分に何ができるかと考える受容性を持つことから始まります。簡単にいいかえると、いったん受け入れるのです。たとえ他部署の仕事であっても、いったん組織の一員として受け入れて、自分にできることは何かを探す。このような当事者意識を持つと、他人の責任にする考え方は大転換するのです。

ただし、間違った当事者意識もあります。何でもかんでも自分でやってしまうという行動です。これは当事者意識の発揮のしすぎが原因なのです。

当事者意識には2つの側面があり、一つは先ほど申し上げた「受け入れること」、もう一つは「自分の役割を知ること」です。

自分が上司や組織から何を求められているのか、それを知ったうえで仕事を受け入れるとともに、自分の役割を認識しながら組織を活用して仕事を進める姿勢が大事なのです。

たとえば、違う部署の後輩が相談に乗ってほしいとあなたのところに来た場合でも、すぐに拒否の姿勢を取るのではなく、「聞いてあげることはできる。けれども解決を早めるためには上司に相談する方法もあると思う」と助言することができるでしょう。

今回の案件でも、配送業者が犯したミスだからといって丸投げせず、自身も加わって問題解決に乗り出す行動が取れているかどうかがポイントです。

組織は「確認」ができる人材を求める【問題分析力】

部下に仕事を依頼して、出来上がってきた成果はまるで期待外れ。このようなことは部下を持つ身であれば誰しも経験するはずです。

その失敗の多くが「確認不足」によるものです。

指示の内容を上司は「この程度はわかるだろう」と思い、部下は「上司が言っていることはこうだ」と勝手に認識し、まるで交差点で衝突するかのように、期待外れの結果が出るのです。

確認をするという行動は「問題分析力」として評価しますが、確認する前に仮説を立てる行動を入れるのがポイントです。

この場合の仮説とは、いいかえれば疑うことです。「ひょっとしたら伝わっていないかも」と上司が思い、「上司の言っていることとは違うかも」と部下が思って確認をしていれば、悲劇が起きる確率は少なくなります。

自分にとっては当たり前でも、相手にとっては当たり前ではないことがよくあります。ですから上司は伝わったかどうかをもう一度部下に確認しておく、部下は理解したことがその通りなのかを上司に確認しておくことがトラブルを防止するのです。

今回の案件では、伝票の写しから山田様の送り品と稲田様の送り品が入れ違っていることがわかります。当然、稲田様の送り品を配送会社が止めているだろうと仮説を立てるのは大事ですが、その確認を取っているかどうかも大きなポイントになっています。

案件9

差出人：**北上店　日配部門MGR　国松**
件名：**予約おせちの進捗状況報告**
宛先：北上店　冴木店長殿
Cc：
送信日時：20XX年11月1日　10：45

おせちの予約状況ですが10月30日現在、目標50件に対して、13件です。

昨年は同じ時期で25件いっていましたので、苦戦しています。

そこで店長に許可を頂き、来週の全店朝礼の際に、従業員購入のお願いを再度させて頂ければ助かります。

全MGRには予約を頂きましたが、まだ従業員の多くが未購入です。

お恥ずかしい話ですが、当部門の原SMGRも、実家がおせちを送ってくるからといって購入を拒否しています。自分の担当なのにこんなに非協力的な社員は内心許せません。

ともかく、何としても目標達成したいと思いますので、店長もご協力お願いします。

案件9　予約おせち苦戦、「非協力的な社員は許せません」

組織は部下を評価できる人材を求める【ヒューマンスキル】

上司は部下を評価できなければなりません。しかし、研修などで課長クラスのリーダーにヒアリングをすると、「使える部下が少ない」と多くの方がおっしゃいます。たしかにその通りかもしれませんが、評価の観点がマイナスを見つける側面に少し傾いているのではないでしょうか？

私はプラスの評価ができない部下はいないと思います。逆に部下のよい点を見つけることができない上司が増えていることに危機感を覚えています。

あなたは部下のよいところをすぐに言えるでしょうか？

部下がいない方は上司のよいところでもいいでしょう。

もし考え込んでしまうようであれば、それは日頃、部下（または上司）のよい点を見る目を持っていないからかもしれません。悪い部分を見るのではなく、よい部分に目を向ければ必ず発見できるはずです。そしてよい点を見つけることができれば、部下を褒めることができます。部下を褒めたり、評価したりすることは、「ヒューマンスキル」として評価される行動です。

ヒューマンスキルには、褒める、評価するという行動と、毅然として指導するという行動が含まれます。2つを組み合わせて使うと部下指導の効果が上がります。

私も研修の際に受講者にフィードバックする時には、よい点と悪い点を一緒に伝えます。業界ではこれを2ストライク1ボールといいます。

2つ評価できることを伝え、1つ評価できない部分を指導する。この伝え方によって、評価されるほうは悪い点ばかり評価されてモチベーションを下げることは少なくなり、モチベーションを保ちながら自身の課題に向き合うことができるのです。

今回の案件でも、適切な指導をしつつも評価できる点を明確に部下に伝えているかどうかがポイントとなります。

組織は部下に指導できる人材を求める【ヒューマンスキル】

私が管理職の方を研修している中で感じることは、褒めることよりも叱ることの難しさです。私が新入社員の頃は叱られない日がないほどでしたが、いまの新入社員は叱ればすぐに辞めていくだけでなく、パワハラとして訴えるから叱れないと嘆く管理職の方も多いのです。

しかし、だからといって叱らないのは上司としての責任を果たしていないのと同じです。

先ほどの褒め方に加えて、叱り方もリーダーとして知っておかなければなりません。

まず叱るという行動は「感情を入れずに指導する」ことです。大声で怒鳴るのが叱ることではありません。もちろん、時には感情を交えて伝えなければならないこともあるでしょう。しかし、それはあくまでパフォーマンスととらえていただきたいのです。

次に叱る基準についてお話ししましょう。

人を叱ってはいけません。行動を叱るのです。

「お前は何をやってもだめだな」

と叱るのは間違いです。人に対して叱っているからです。

この叱り方だと、相手は何が悪かったのか直しようがありませんし、人格を否定されてしまっているので、部下によってはパワハラと受け取られる場合もあります。

ですから叱る対象は行動でなければなりません。

「今回の君のメールは相手に失礼だと思う」

このように具体的な行動に対して指導することを心がけるべきです。

自分自身の叱る基準を作ることも大事です。

上司やリーダーも人間ですので、その日の気分や感情が変わるのは当然です。だからこそ、叱る基準を明確にしておかないと、同じ行動に対して、ある日は叱り、ある日は叱らないというばらつきが出るばかりか、部下は「今日は上司の機嫌が悪い」と上司の気分のせいにして自分の行動に目を向けなくなり、あなたの叱り方に矛先を向けてしまうからです。

草食系のやさしい上司が増えているといわれますが、私はそれでいいと思います。しかし、ある基準を超えると毅然として叱ることのできる「温度計型の上司」になってほしいと思います。

今回のケースでは、他の案件からこのマネジャーが従業員に対し半ば強引に購入を迫っている行動を問題視し、毅然たる指導ができているかを評価します。もちろん、先に述べた「褒める」も交えながらであればさらにいいですね。

組織は隠れたリスクを見抜く人材を求める【問題発見力】

ある部署のリーダーに、自部署の問題を報告するように求めると、そのリーダーはにこにこしながら「問題はありません」と答えました。私はそれ自体が問題だと思いました。

なぜなら、仮にいま見える問題が起きていないとしても、今後発生する「将来のリスク」もあります。

たとえば機械の部品が床に転がっているとします。それをいまはすべての機械が順調に動いているから大丈夫ととらえるのではなく、部品が外れているわけですから、今後何かのトラブルに発展する可能性があるととらえて対処することが、将来のリスクを発見する行動となります。

さらに、狭い範囲で考えると問題ではないけれども、全体から見ると問題になることもあります。自部署で新しい企画を立案したが、会社が別の方向性の企画を立案していた場合は問題となるといったことです。

このように問題発見とはさまざまな角度でとらえなければできないことなのです。

そしてこの案件で気づいていただきたいのは、他にも同様の問題があるのではないか、という被害拡大についての認識です。

ある支店で問題が発生したとすれば、他の支店でも同じ問題が発生する可能性がありますし、ある商品で不良品が出たのであれば、他の商品にも同様のケースが起きるリスクがあります。つまり一つの事象を他の事象に拡大して考えると問題が見つかることがあるのです。

もちろん、他のケースに当てはめることで直ちに問題が見つかるとは限りません。杞憂であればそれに越したことはないでしょう。しかし、そのリスクが少しでもあれば、リスクを最小化するのはリーダーが持つべき「問題発見力」です。

では案件に目を向けましょう。

この案件を単独として考えるのではなく、案件14などからかなり深刻な問題になりつつあることを把握し、他の商品での強制販売や、他の部署でも同じことが行われていないかを調査し、手を打つまでの行動に至っているか、チェックしてください。

うすうす問題に気がついていたとしても、気づくだけでなく行動していきたいものです。たとえば一切強制販売をしないように指示をすることや、他部署にも注意喚起を行うなども評価すべき行動です。

案件10

差出人：**システムVXサポート**

件名：**【至急】必見です。メールサーバ容量について**

宛先：スーパーマルトモ　北上店　冴木店長様

Cc：

送信日時：20XX年10月30日　04：07

●設定期限が迫っています！無料容量アップは11月6日（金）23:59まで●

このメールは無料画質変更ソフト「画像丸くん」をお使いのユーザー様にお届けしています。

「今なら無料で2GB容量アップ」

お手続きはこちら

http://www.gazoumaru.co.jp/up

期日以降は1GB容量アップにつき500円必要になります。
この機会を是非お見逃しなく。

お問い合わせは

VXサポートセンター

☎0120－510－＊＊＊＊ （受付時間：9：00 ～21：00）

案件10　今なら無料でメールサーバ容量アップ！

組織は重要度を見極めることができる人材を求める【優先順位設定力】

皆さんは今回の20案件を見た時に「すべて処理したい」と思われたでしょうか？　すべての案件を完全に処理したいと皆さん思うのですが、実際にはそれだけの時間がなく、すべてが中途半端に終わる消化不全型に陥ってしまうケースがほとんどです。すべての仕事を完全にやりとげようと考えるのではなく、どの仕事に力を入れていくのか取捨選択しなければなりません。

そのための考え方が、本編冒頭でご説明した「優先順位設定」です。

優先順位を決める基準は「緊急度」と「重要度」でした。その中で陥りやすいのが、とにかく期限を重視して、重要度を見落としてしまうことです。

期限を守るのはたしかに大事ですが、それだけで優先順位をつけると、重要な案件を後回しにして成果につながりにくくなります。ですから、緊急度だけでなく、その案件を処理しなかったらどのような影響が出るのか？　という重要度の考え方も持つべきなのです。

もう一つ陥りやすい失敗があります。

それは「簡単に処理できるから優先度を上げる」です。

すぐにできるものから処理するという考えは、正解のようで間違っています。

結論から申し上げると、時間内にすべての案件が処理できない時には、すぐに処理できる案件であっても無視することはありうるのです。いいえ、無視する判断をしなければならないのです。重要な案件により力を入れなければならないからです。

すぐに処理できるからするべきという論理には重要度の考え方が入っていません。緊急度という概念や、すぐにできるから先に処理するという論理は、成果の上がりにくいものであると認識してください。

もちろん、すぐにできる仕事を必ず後回しにしろというわけではありません。私も仕事のノリが悪い時はサクサクできる案件を先にやってテンションを高めることはあります。しかし、概してそれらの仕事の優先順位は低いものです。あくまで隙間時間を使って行うようにしてください。

計画の段階で先に仕事に組み込むのは、緊急度と重要度が高い案件です。すぐにできる仕事が来たから、いま取り組んでいる重要な仕事を後回しにしてさっさとやってしまおうというのは、仕事の進め方として問題があるのです。

仕事の進め方をデザインしましょう。

20の案件をすべて同じ時間と力をかけて浅く処理するのも、ある案件だけ深く処理して他の多くの案件を処理しないのも、仕事の進め方がデザインされていません。仕事の進め方には深さと広さがあります。最も望ましいとされるのは、2割の案件は深く8割の案件は浅くと、凹凸がついた進め方です。もちろん、3割と7割でもかまいません。比率が問題なのではなく強弱をつけた進め方が大事なのです。

今回の案件では、この案件に対して必要以上に力を入れていないかをチェックしてください。後回しや保留などの選択肢を検討したかも大きな評価ポイントです。

案件11

差出人：**第一店舗運営部　柴山店店長　岡崎**
件名：**先日の資料ありがとうございます**
宛先：第二店舗運営部　北上店　冴木店長殿
Cc：
送信日時：20XX年10月30日　20：54

冴木さん

毎日の激務お疲れ様です。

岡崎です。

先日の資料ありがとうございました。来年のバレンタイン計画の参考にさせていただきます。


しかし、会社の決算が非常に厳しいのはわかりますが、今まで利益重視で安売りするなと言いながら、急に安く売ってでも売り上げをとれ、と、あまりの急転換に現場は戸惑いますよね。

店長として現場にどのように伝えればいいのか悩むところです。


それはそうと、鶴丸百貨店が追加のリストラ策を近々発表するそうです。大幅な人員削減で、今までの対面方式から、セルフ式のスーパーと百貨店の中間の業態に転換するとか。我々越後屋出身者からすれば、互角に渡り合っていたライバルが落ちていくのは少し寂しいですね。

案件11 「会社のあまりの急転換に現場は戸惑いますよね」

組織は他部署との信頼構築ができる人材を求める【計画組織力】

リーダーは部下や上司などとの縦の関係を強化するだけでなく、関係部署や同僚、取引先などとの横の関係も強化しなければなりません。

しかし、インバスケットの回答を見ると、自部署だけで案件を解決しようとする方が多いのが実情です。組織を十分に活用できていないのです。

あなたは自分の会社の組織図を見たことがあるでしょうか？　見れば、いろいろな機能を持った組織があることに気がつきます。

たとえばややこしい法律関係を処理する部署もあれば、何かあった時に応援をする部署、お金を用意してくれる部署など、会社の中にはあなたにも使える部署がたくさんあるのです。

ただし、仕事が発生したからといって、これらの他部署がすぐに協力してくれるのかというと、そうとも限りません。だからこそ、日頃から信頼関係と支援体制を構築することが大事なのです。

私がスーパーの本社にいた時は店舗を支援する役割でしたので、何かトラブルが発生した際には支援をします。

しかし、担当店舗は数多くあり、業務が集中した時には優先順位をつけるなどして取捨選択せざるをえません。

そのような時、すでに信頼関係が構築されていたり、借りがあったりすると、どうしてもそちらの店舗に重点を置くことになります。だから用事がある時だけ支援を依頼するのではなく、リーダーとして日頃から信頼関係を構築しておくことが重要なのです。

他部署を巻き込む際に、いろいろな相談を投げかけたり、会議を開催し参加してもらったりするなども、強い信頼関係を築き、周りを巻き込む「計画組織力」として評価します。

今回の案件では、相手が自分の考え方や情報を共有してくれていることに感謝の意を表し、代わりに自分の考えや持っている情報を相手に返すことができているか、またはは相談を投げかける、今後の支援体制を構築しているなど、相手と信頼関係を構築する行動を取っているかどうかをチェックしてみてください。

案件12

差出人：**営業本部　営業企画部　企画課　大田信二**
件名：**お願い**
宛先：営業本部　第二店舗運営部　全店長殿
Cc：
送信日時：20XX年11月1日　15：44

店長各位
いつも企画課にご協力いただき誠にありがとうございます。

現場の皆様にはいつも感謝申し上げております。

お忙しい中ではございますが、急きょ専務が来週の火曜日に、今回のセールの振り返りを本部スタッフと行うことになりまして、現在、本部内で調整を行いつつ、店舗の皆様には今回のセールでの売場写真をお撮りでございましたら共有させていただけないか……とのお願いでございます。

もちろん、そんなものは忙しいので撮っていないとおっしゃるのも理解できますので、無理にとは申しません。何卒よろしくお願いします。恐縮ですが11月7日中にお願いできればと勝手ながら考えております。

案件12　セールの売場写真はありませんか？

組織は情報をさばける人材を求める【問題分析力】

リーダーは組織の中で、情報の交差点の真ん中にいます。上司からの情報、部下からの情報、他部署からの情報、外部からの情報など大量の情報を交通整理する立場にいるのです。

にもかかわらず、交通整理をしないリーダーもいるのが現実です。

情報をすべて自分のところで止めてしまう、あるいは逆にすべてをパイプのように流してしまうリーダーです。

情報は鮮度が命です。上司から転送されたメールを見ると、すでに開催日時を過ぎた会議の案内だった、ということを私も経験したことがあります。

逆に何でもかんでも情報を転送しまくる上司も困ったものです。メールを開けると全く関係のない情報がたくさん転送されている。削除するのも一苦労です。これも皆さん、よく経験する出来事ではないでしょうか?

つまり、「必要な時」「必要な人」「必要な方法」で情報を流すことがリーダーに求められているのです。この行動を「情報共有」といい、「問題分析力」として評価します。


まず「必要な時」ですが、これは情報を流すタイミングを指します。

たとえば、人事異動の内示が部下に出た時に、すぐに伝えたほうがいいこともありますし、逆にいま大事な仕事の佳境に入っているなら、それが落ち着いたときに伝えるほうがいいかもしれません。

「必要な人」とは、その情報を必要とする人のことです。

受験資格が35歳以上の社内試験の案内を20代の資格に満たない人に送っても、その人は受験することができませんので、情報を配信するかどうかを検討しなければなりません。

必要でない情報は、その情報を見て、判断して、削除するという、全く意味のないことのために人から時間を奪い、組織の生産性を下げてしまうからです。

「必要な方法」とは、「情報共有の方法」のことです。たとえば、その人にとってショックな情報は、メールで簡単に転送するのではなく、メールのプリントアウトを渡してフォローの言葉をかけるなど、その情報の意味合いによって渡し方を変えるのです。

最後に情報を止めることの重要性についてもお話ししておきます。

情報化が進んだ現在、情報量は私たちの処理力を大幅に超えていることは、すでにお伝えしました。だからこそリーダーはメンバーが情報の波に飲み込まれないように、防波堤の役目を果たさなくてはなりません。

どれだけ情報を与えるかではなく、どれだけ情報を止めることができるかという判断も必要です。

今回のケースでは、部下と本社の間にいるあなたの情報活用力が試されています。本部からの依頼を、自分の考えを添えて共有しているか？　そして、ただ画像だけでなく、本社が必要とするような情報、また部下が伝えたい情報を収集しているかが大きなポイントになっています。

案件13

差出人：**北上店　鮮魚部門MGR　荒川**
件名：**越後屋物流様への販売について**
宛先：北上店　冴木店長殿
Cc：
送信日時：20XX年11月2日　17：35

店長

ご指導いただいたおかげで、越後屋物流様販売センターへの出張販売の件、あちらの岸田さまと交渉した結果OKを頂きました。

商品本部にも連絡して了承を得ることができました。

販売目標はタラバガニ冷凍を50箱です。センターには500名ほど従業員がいらっしゃるらしく、食堂をお借りして販売を行います。

実施日は11月20日を予定しています。

販売のために他部門のアルバイトをお借りできれば助かります。

（他の部門も忙しそうですから無理はなさらないでください）

案件13　出張販売OK、販売目標はタラバガニ50箱

組織は部下の支援体制の構築ができる人材を求める【計画組織力】

あなたは部下に対して支援体制を構築できるでしょうか。

リーダーとメンバーの仕事の違いを、演劇にたとえると、メンバーが劇団員、リーダーは監督もしくはプロデューサーといったところです。しかし中には、自分が主役、メンバーは脇役と勘違いしているリーダーがいます。

なぜそれが勘違いなのか。リーダーの仕事はメンバーをうまく活用して目的を達成することであり、メンバーが能力を最大限に発揮できるように環境を作ることだからです。

ある会議が会社で行われていました。何やらトラブルが起きたようです。メンバーは頭を抱えています。

そこにあなたが現れ、陣頭指揮をとって解決したとします。

表面的には素晴らしいことかもしれませんが、本来のリーダーの仕事としては不十分です。支援するというのは、あなたが手伝うことではなく、支援体制を構築することだからです。

たとえば、助言をするというのは情報を与える支援です。予算を与えるというのは経済的な支援です。仕組みを構築するのはシステム的支援です。応援を増員するのは人的支援です。

このようにリーダーがとるべき支援の方法はさまざまであり、有効な支援の多くは、直接的な支援ではなく、間接的な支援なのです。

中でも、組織活用力を発揮することにより、一人で大きな仕事を抱えている部下に支援する人間を付けて組織化する「プロジェクト化」や、スムーズに事が運ぶように各部署を横断した「横串チームの結成」などは、特にすばらしい組織化の行動です。

このような行動をインバスケットでは「計画組織力」として評価します。

またリーダーとして部下が今後業務を進めるにあたって、予想される障害を事前に察知して取り除く行動も大事です。

たとえば、あらかじめ関係部署に協力を要請したり、根回しをしたりする行動です。これも「計画組織力」として評価されます。

今回の案件では、どんな障害が予想されるか、人的な支援だけで大丈夫なのか確認を取り、いま越後屋物流との間で起きている配送物の誤配によるクレームの件を関連させて、相手への根回しや調整の必要性に言及しているかなど、荒川マネジャーへの支援体制をリーダーとして打ち出せているかどうかが大きなポイントになっています。

組織はチャンスを最大に活かす人材を求める【創造力】

前職でのことです。私が働いていたスーパーの店舗は500メートルほど先にできたライバル店との競争で苦戦を強いられていました。店舗の大きさも、主力商品の安さもあちらのほうが上で、わが店舗の幹部は負け戦モードでした。

でも、指をくわえて見ているだけでは腹立たしいので、商品部に依頼して、メーカーの人気キャラクターを呼ぶことにしました。その写真をチラシに入れてファミリー層に来てもらおうと考えたのです。

早速、上司の課長に提案したところ、難色を示されました。そのキャラクターを呼ぶには、そのメーカーから大量の商品を仕入れる必要があること、たとえ着ぐるみを呼んだとしてもどれほどの集客が見込めるかわからないとの判断でした。

どうしてもその企画を実現したい私は、課長の許可を得て、店長に直接決裁をもらいに行きました。店長に企画内容を話したところ、腕組みし、「うーん」とうなります。

やっぱりダメか……とあきらめかけた時、「君の売り場だけだと効果が少ないので、他の売り場からもキャラクターを呼んでみよう」と言ったのです。

課長も店長も同じように難色を示したのですが、課長はリスクを重視して、店長は効果を最大化させるために悩んでいたのです。

このように同じ現象を「機会」ととらえるか、「脅威」ととらえるかで、判断が大きく異なります。

インバスケットでは絶対的な正解がないので、必ずしも「機会」ととらえるのがよいとは限りません。物事を両方の見方でとらえられるかどうかを評価するため、「脅威」としてとらえるのも「問題発見行動」として評価できます。

今回ご紹介する、「機会」としてとらえ、効果を最大化することを「創造力」として評価します。さらに、この機会から得られる効果を最大化するために、具体的なアイデアや対策を考える行動も創造力として大きく評価されます。

たとえば別々の部署で違う企画を立案しているとすれば、それらの企画を合わせて実施することで相乗効果が生まれないかを考えたり、企画に追加投資して最大の効果を生むことができないかを考えたりすることなどです。

この時の考え方のキーワードは「くっつける」です。

人間はどうしても、ある枠組みの中でものごとを判断したり対策を練ったりします。だから、お好み焼きとご飯は別もので一緒に食べるのはおかしいと多くの人が思うのですが、実際には関西ではお好み焼き定食というものがあり、お好み焼きとご飯がセットで出されますよね。ビジネスでも、コンビニとガソリンスタンドがくっついていたり、コンビニと本屋がくっついていたりと、枠組みが外れればどんなものでもくっつけることができるのです。

くっつけるという考えは、効果を最大化するだけでなく、効率化を進めることもできます。

たとえば個々のメンバーが持っている仕事をくっつけることで、専属の人が作業を進めるなどすれば、組織を効率化することができます。

このように、枠組みを取り払いくっつけることを検討するのは、ビジネスでも必要なのです。


ただし、効果を最大化することだけを考えていてはいけません。1000万円の収入があったとしても、1500万円かければビジネスは成り立たないからです。費用と効果のバランスを検証する考え方が大事なのです。

これを「費用対効果」「コストパフォーマンス」などと呼びます。

費用対効果を検討する行動は、インバスケットでは「問題分析力」として評価されます。費用対効果を検証しながら、従来の枠組みを破る創造性を発揮できるかを今回の案件で確認してください。

たとえば、今回は鮮魚部門だけの企画ですが、他の案件からおせちの販売もくっつけて実施できないか、他の店舗と合同で行うことで負担を減らすことはできないか、などの発想が出ていれば、費用対効果を考えながら創造性を発揮できていると認識してよいでしょう。

案件14

差出人：**北上店　日配部門SMGR　原**
件名：**【内密にお願いします】**
宛先：北上店　冴木店長殿
Cc：
送信日時：20XX年11月2日　18：08

12月にて退職をしたいと考えています。

理由は私のわがままな一身上の都合です。


とはいえ、残すパートの方のことを考えると、私だけが逃げるようで切ないので、最後のお願いを聞いていただけないでしょうか？

会社の方針として従業員に無理に商品を購入させるのは問題ではないでしょうか？　今までは私もお店のためにと思い指示に従ってきましたが、本来は自発的に協力するものだと考えています。

社員だけならまだしも、パートさんにまで、クリスマスケーキやおせち、鏡餅などの購入を強制するのは今後問題が起きると思います。

これだけは内密に店長にお伝えしたかったのです。

案件14　従業員に商品を購入させるのは問題では？

組織は潜在的な問題点を見つける人材を求める【問題発見力】

退職したいと部下から申し出があった時に、あなたならどのような対応をしますか？

慰留するとお答えになる方が多いのですが、実はこれは表面的な問題解決で、一流の問題解決ではありません。さらに踏み込んで、このような問題が起きる背景には他に多くの問題が潜んでいるのではないかという認識で問題解決にのぞんでほしいのです。

ハインリッヒの法則をご存じでしょうか？

労働災害の経験則ですが、1件の重大な事故が起きると、その背後には29件の重大までではいかないにしても軽微な事故が起きており、さらにその背景には300もの危険やリスク、異常が発生しているというものです。

つまり、1件の事故はたまたま起きたのではなく、起きるべくして起きたもので、今後も同じような事故が引き続き起きると考えるべきなのです。だからこそ、いま目の前で起きているトラブル解決に全力を注ぐのではなく、背後にある隠れた問題を見つけてほしいのです。

たとえば、退職願を出す場合、多くの人が理由を「一身上の都合」と書きます。実はそこが大事で、究明しなければならないポイントなのです。

なぜ辞めるのか、退職者の多くは明かしませんから、真の退職の理由を聞いて、それを解決しなければならないのです。

こうした潜在的な問題を発見する行動を「問題発見力」として評価します。

今回のケースでは、退職の慰留だけでなく、退職の真の理由を見抜き、他の同様の被害を食い止めるための行動を取らなければなりません。たとえば、全マネジャーに強制購入をさせないように通達するなどです。

また、同時に実態の把握も大事です。マネジャーに過去にさかのぼって調査をさせるのは「問題分析力」として評価されます。

調査をさせるなら、必ず報告期限を明確にして事後報告を受けることも必要です。

組織は感情を表現できる人材を求める【感受性】

私の取引先の方は「メールに感情を入れると、どのように取られるかわからないから入れない」とおっしゃっていました。なるほど、そのような考え方もあるのだな、と思いました。

ただ、そうは言っても、「感情を入れない」とおっしゃった方のメールは、たしかにわかりやすいのですが、何か事務的な気がしました。感情が全く入っていないメールは電報のようで、相手の顔が見えません。全く感情を入れないのも、伝えるという意味では正解ではないと私は考えます。

インバスケットでも、感情を表現するという行動はヒューマンスキルのうちの「感受性」として評価されます。感受性とは「感情を素直に表現する」という行動です。

たとえば、大きな商談がようやくまとまったという部下の報告に対して、上司が「わかった」としかめ面で答えたとします。上司は内心喜んでいたとしても、報告した部下は「なぜ喜んでくれないのだろう」「もっと良い報告を期待していたのか」と余計な詮索をするかもしれませんし、モチベーションも下がるかもしれません。

ですから、自分の感情を素直に表現することは大事なのです。

「おお、そうか。よくやった。本当によかったな」

などと言って、自分の感情を素直に表現すれば、部下のモチベーションも上がります。

ここで大きなポイントは、「素直に」表現できるかどうかです。

先日、あるワインバーに行きました。後で気がついたのですが、そのワインバーは、ワインと食事を提供することが目的ではなく、自社が輸入したワインをケース単位で販売することが目的だったようで、テーブルの横に販売員がべったりついて、勧誘をしてきます。近づいてきたその販売員の笑顔に違和感があったのを、いまでも覚えています。

あなたの周りにもいませんか?

悲しい話を笑顔でする人、苦しい顔をしながら「大丈夫です」と耐える人。感情を素直に表現するのは当たり前の行動なのに、私たちは知らず知らずのうちにそれを抑えていることがあります。

言葉は便利なものですが、言葉だけでは伝わらないことがたくさんあります。感情をこめることで、より多くのことを伝えられるのです。

自分の意思を正確に伝えることが大事とはいえ、相手も人間です。感情を出すことで、自分の意思を相手にもっとよく理解してもらえるのではないでしょうか？

コミュニケーション手段がいろいろ増えて、感情を直接表現しにくい現在だからこそ、感情を素直に表現する大切さを知るべきだと思います。

今回の案件では、退職の申し出に対して「残念」「意外」「びっくり」のような表現があなたの回答に入っているかどうかを確認しましょう。退職は待ってくれ、などと、すぐに自分の意思を伝えるのは感受性が乏しい回答です。

案件15

差出人：**北上店　加工食品部門MGR　香取**
件名：**安売り商材について**
宛先：北上店　冴木店長殿
Cc：
送信日時：20XX年11月4日　11：52

商品本部より決算対策商品リストが上がってきました。

11月8日に商品が入荷次第、すぐに販売を開始します。

いつものコネを使い、他店より1.2倍の物量の商品を入れてもらうことになりました。いつもライバルの安富屋にやられていますから、利益を飛ばしてでも、ガツンと一泡吹かせてやりましょう。

価格設定は各店に任されているようですので、赤字覚悟で売りまくります。

どこよりも安い価格で攻めの商売を行います。

目標は昨年売り上げの２倍です。

案件15 「利益を飛ばしてでも一泡吹かせてやりましょう」

組織は方針を徹底できる人材を求める【計画組織力】

ビジネスは結果がすべて——。私もある意味、この言い方には共感します。しかし、だからといって結果が出ればすべて許されるのかというと、それは違います。組織の一員である以上、方針を理解し、方針に沿って行動し結果を出すことが大事なのです。

たとえば当社インバスケット研究所には、インバスケットを使ったプログラムしか提供しないという方針があります。しかし、お客様からはついでにコーチングの研修もセットで行ってほしいなどの要望もいただきます。お客様の要望に応えたいのですが、私は受け入れませんでした。方針と異なるからです。

もちろん、受注すれば売上目標も達成するのかもしれませんが、方針と異なることをして目標を達成するのは間違った方法です。

目標を達成するための「目標管理」と方針を徹底する「方針管理」のはざまで苦しむ人が、現場にはけっこういます。目標は自分もしくは部署単位のものであるのに対して、方針は全組織にまたがるものなのですから、方針を優先するべきでしょう。

また目標管理は結果に対して管理するものであるのに対して、方針管理はそのプロセスを管理するためのものです。方針に沿って目標を達成することが大事なのです。

方針はいわば組織を束ねるロープ。たとえ目標を達成した部下がいても、方針から外れたことをしていれば厳しく指導をしなければなりません。

方針は会社全体の方向性を示すものですが、時にこの方針が迷走状態になることがあります。よく朝令暮改と言われますが、経営の立場からすれば、激動する状況に合わせて方針を変更するのは当たり前のことです。

大事なのは、いま会社はどの方向に進んでいるのかをリーダーが理解し、それを速やかに実行することです。勝手に解釈して仕事を進めてはいけませんし、もし方向性が不明確なら、上司に確認をするべきなのです。そのうえでリーダーとして部下に方向性を示し、それに従って目標を達成しなければならないのです。

このように方針を伝達するだけでなく、部下の行動にまで徹底させて管理する行動を「計画組織力」として評価します。

今回の案件においては、売り上げを上げるという方針であれば香取マネジャーの考えはまちがっていません。ですから支援をするべきです。しかし、他の案件からわかるように、会社の方針が急に転換して、それを現場が十分に理解していない状況から、いったん上司や会社に方向性を確認して、そのうえで再度指示を出すという方法もあるでしょう。

ともかく方針を明確に理解し、理解できていないのであれば現場に「待て」の指示を出すなどができているか確認をしてください。

または案件1のように、自分自身の意思を添えて、香取マネジャーに方針を伝えることも「意思決定力」として評価される行動です。

組織は戦略家を求める【戦略立案力】

あなたは戦略家ですか？　それとも戦術家ですか？

いきなりこんな質問を受けても戸惑われるかもしれませんが、ビジネスパーソンを

2種類に分ければ「戦略家」と「戦術家」しかありません。

戦略と戦術にはきちんとした定義がありません。しかし、全く異なる言葉ですので、インバスケット的に定義付けをすれば次のようになります。

戦略：ゴールの設定とそれにたどり着くまでのシナリオ

戦術：手段

戦略はまず、ゴールを設定します。5年後に独立したいと考えたとしたら、これをゴールに設定し、5年後に独立するためのシナリオを作らなければなりません。たとえば資格を取る、資金を貯める、計画を作成するなどです。次に戦術は、資格を取るための勉強をする、毎月貯金をするなどの具体的な行動を指します。

ただし、いまとりあえず資格を取って、お金も少しずつ貯めていつか独立する、というのでは戦略的とは言えません。手段が積み重なっているだけだからです。あくまでも、まずゴールを設定し、それに対するシナリオを作ることが大事なのです。

戦略というと、企業のトップレベルの人が持つべき思想のように勘違いされがちですが、現在は部署単位、メンバー単位でこの思想を持たないと、ライバルとの競争に負けてしまう時代になっています。価値観が多様化し、人々の嗜好の変化も急激になっているので、従来のように、トップが戦略を考えて、あとはその指示通りに動くという考えは通用しないからです。

現場レベルが戦略的な思考を持ち、シナリオを作らなければなりません。

では戦略を立てる目的は何でしょうか。

戦略の目的は、相手よりつねに優位な立場を保つことです。ですから、いまだけ優位になってもあまり意味はなく、これから先の思考をするべきです。リーダーは5年先、10年先を見据えて判断しなければなりません。

これを戦略的判断といい、インバスケットでは「戦略立案力」として評価されます。

この案件では、短期的にライバル店にダメージを与えるのではなく、まず先を見据えた長期的な視点に立った行動をあなたが取っているかどうかをチェックしてください。たとえば、将来のゴールを見据えて今回のセールをどのように活用するかを考えているかチェックしましょう。

案件16

20XX　11/5

受信ボックス

11/5　12：03

From 冴木　陽菜

Sub お母さんのけがについて

お兄ちゃん、仕事中にごめんね。

実はお母さんが昨日家でつまずいて転んじゃったの。

すぐに病院に行ったのだけど、右足の、前と同じ部分を骨折したみたいで当面入院になりそう。

お医者さんに聞くと、命には別状ないけどリハビリ含めて長期間の入院か、自宅療養でも誰かが手伝わないと難しいみたい。とりあえず私は一週間ほど有休を使ってお母さんのところにいるけど、長期間は無理だから、お兄ちゃんと相談したいの。

お母さんはお兄ちゃんが心配するからあまり大げさに言うなと言うのだけど、私はすごく心配しています。

また連絡します。

返信　転送　保護　フラグ

※冴木陽菜はあなたの実の妹です。

案件16　妹の連絡は母親のけが

組織は高度な情報収集ができる人材を求める【問題分析力】

気になることがあり、そのことを調べる。この行動はインバスケットでは「問題分析力」として評価されます。

しかし、調べ方にもさまざまなものがあります。当社ではこの調べ方、つまり情報収集の仕方についてもランクをつけて評価をしています。

たとえば、あなたの家計が赤字になったとします。そこであなたは、おそらく食費がオーバーしているのだろうと仮説を立てて、食費がどれくらいかかっているのかを調べる――。

情報収集としては評価されますが、実はこの情報収集の仕方はあまりレベルが高くありません。なぜなら抜け漏れがあるからです。

家計が赤字になっているのは、支出が多くなったからだけではないかもしれません。収入が減ったのかもしれません。分析は足して100になるという原則があります。支出だけに的を絞り、さらに食費に絞って情報収集をしているのでは、そのほかに原因がある場合、原因究明までたどり着かないのです。

この抜け漏れなくダブりなくという状態を「MECE《ミーシー》」といいます。いまの例でいうと、食費だけを調べるのではなく、他の支出、さらには収入まで調べることで「MECE」と呼べるのです。

今回取っていただきたい情報収集活動は「先を読んだ情報収集」です。この先にどんな情報が必要になるかを考え、あらかじめ情報を集めておくのです。

これも例で考えてみましょう。あなたは後輩からの電話を取ります。受話器越しにゴホゴホと咳をする声が聞こえます。風邪がひどく、いまから病院に行くので今日は休ませてほしいとのことでした。

あなたは「お大事に」と言い了承しました。この時に、先を読んで情報収集をしたいところです。

たとえば、今日後輩が休むことで自分は何をしなければならないのかと考える、病院に行ったあと長引きそうだったら連絡をくれるように後輩に依頼するなど、少し先を読むと必要になる情報がいろいろと出てくるはずです。

今回の案件で考えると、入院した母親の容態を尋ねるのは一般的な情報収集として、どの病院に入院しているのか連絡先を尋ねるなど、これから先必要な情報を収集する行動を取りたいところです。

あわせて、自分が入院先に行けるようであれば直接どのような状況かを確認することも、潜在的な情報収集として有効です。

組織は外部組織も有効に使える人材を求める【計画組織力】

自分の時間には限りがあります。自分一人でできる仕事の成果にも限界があります。

だからこそ、ここでご説明する「計画組織力」が必要なのです。

計画組織力には大きく2つの側面があります。計画を立てる側面と、組織を活用する側面です。

今回は組織を活用する側面をご紹介しましょう。

インバスケットの回答を分析すると、多くの方が組織を活用する傾向は見えるものの、その活用範囲が狭いように感じます。具体的にいうと、自部署ですべて完結しようとする傾向が強いのです。

当社はインバスケット教材を作る事業を行っており、企画から開発、教材の製品化から発送まですべて自社で行っています。

しかし、ここ数年は外部業者やコンサルタントを活用し始めました。自社ですべてを内製化するには限界が出始めたのです。

文字通り〝餅は餅屋〟で、専門家に頼るべきところは、頼るほうがより効果が上がります。法律的なことは法律の専門家、メンタルのことはメンタルの専門家などを活用し問題解決するのが、真の組織活用なのです。

部署を預かる者としては、従来の枠組みにとらわれることなく、外部を活用したほうがいい時は外部組織や他の組織を活用しなければ、与えられた資源を十分に活用しているとは言えません。自分の手を使うことも大事ですが、それより、いかに他の人の手を使うかを考えなければならないのです。

今回の案件では、自分自身が看病をするという選択肢以外に、病院に相談したり、外部組織や専門家に相談したりするなどの行動も考えているかどうかをチェックしてみてください。

組織は周りを励ます人材を求める【ヒューマンスキル】

災害救助の際に、救助を求める方にまずかける言葉があるそうです。

「大丈夫ですよ」

この言葉だそうです。

どんなに厳しい状況でも、この言葉をかけることで安心感を与え落ち着かせることができ、救助をスムーズに行うことができるのです。

私もいろいろな上司に仕えてきましたが、同じように部下を安心させることのできる上司がいました。

大きなトラブルを報告する際でも、取り乱さずにコーヒーを注いでくれた上司もいます。おそらく自分でも悩むだろう業績不振の際にも、微笑みながら「やっていることは間違いないから信じろ」と言ってくれた上司もいました。

一方で、相談しにいくとうろたえる上司もいました。「どうしてこんなことになったんだ」と怒鳴り、「どうしたら、どうしたら」とうろたえる姿を見ると、心が余計に乱れてしまいます。

悩んでいたり、うろたえていたりする部下に対して、リーダーがまず励ましや安心感を与えることは、部下が自分の意思を話せる状況を作ることでもあります。

その中でも「激励」はリーダーとしてとりたい行動の一つです。

「よくやった。もう一息だ」

と部下に言葉を与えると、それはあなたが思う以上に部下にとってパワーの源になるのです。

叱る時にも激励をセットすると効果が上がることがあります。

「主任ともあろう人がこんなことでは困る。もっと頑張れ」

などと指導する意味合いで使うこともできますし、厳しく指導した後に、

「もっと伸びると思うから、これだけ厳しく指導したのだ。ぜひ頑張ってほしい」と伝えればフォローにもなるのです。

このように部下を安心させたり、モチベーションを維持させたりする行動は「ヒューマンスキル」として評価されます。

ヒューマンスキルでは「感謝」も大事です。

たとえば悪い報告をしてきた部下に感謝するとすれば、何を感謝するべきでしょうか？

報告をしてくれた行動自体に感謝できるのではないでしょうか。

報告は当たり前じゃないかと思うのではなく、言いにくい報告をわざわざしてくれたのだなあ、と感謝することで、相手もあなたの言葉を受け入れる準備をしてくれるでしょう。

今回の案件でも、相手、この場合だとあなたの妹に対して、「不安を払拭《ふっしょく》する言葉」をかけているか、もしくは「感謝する言葉」をかけているかを振り返ってみてください。

案件17

差出人：**北上店　鮮魚部門MGR　荒川**
件名：**ありがとうございました。**
宛先：北上店　冴木店長殿
Cc：
送信日時：20XX年11月1日　09：02

店長

ご指導いただいたおかげで10月も売り上げ目標達成できました。

今月も目標は昨年対比で102%ですので楽勝のようです。

あとは北上店の売り上げおよび利益目標達成に向けて、部門一丸となり取り組みます。

それにしても、先日のお話は感動しました。

一時期は自分がこの仕事に向いていないのではないかと思いましたが、店長と一緒にお仕事をさせてもらい、自分もいつかはみんなに影響を与える冴木店長のような店長になりたいと思うようになりました。

（当初は内心、百貨店から来てスーパーの仕事がわかるのか？と思っておりましたが）

これからも店長と一緒にこの店のため、安富屋なんかに負けないように力を尽くしていく所存です。

まだまだ至らない部分があるかと思いますが、どうぞ引き続きご指導お願いいたします。

案件17　売り上げ達成、「冴木店長のような店長になりたい」

組織は目標を再設定できる人材を求める【計画組織力】

社員やスタッフを採用する際に必ず聞くことがあります。

「3年後にやりたいことは何ですか」

この質問に答えることのできる人は3割ほどです。

質問の意図は、その人のやりたいことを知ると同時に、何か目標を持っているのかを知るためです。目標を持っている人は、仕事でも目標を持って進める力があると私は考えています。

貯金を例にとりましょう。500万円という明確な金額を目標にする人と、できる時にできるだけ貯金しようとする人がいたとします。この場合、目標が明確にある人のほうが貯金できやすくなります。

目標があれば、必然的にそれに向かった行動を取りやすくなるし、途中経過を確認することもできます。５００万円を10年で貯めようと思ったら、1年に50万円は貯金しなければなりません。１年間で30万円しか貯まらなかったとしたら、このままでは目標は達成できないと認識することができます。

ただし、目標の立て方に問題があれば成果は伴いません。たとえば10年で1万円貯金するというのが目標では、目標が低すぎて成果に結びつきません。

また、目標がブレる人もいます。今日の目標と昨日の目標が異なるのです。

「頑張ったからこんなものでしょう。目標達成です」

こんな具合に、実績につられて目標を動かすようでは、目標ではありません。

目標設定をする際によく使われる言葉があります。ＳＭＡＲＴです。

これは、

S＝Specific　具体的でわかりやすい

M＝Measurable　計測できる

A＝Agreed　upon　同意できる、達成可能

R＝Realistic　現実的

T＝Timely　期限が明確

の頭文字を取った法則です。逆にいうと、これらから外れた目標は、何らかの問題があるということです。

ここまで目標の重要性をお話ししてきましたが、リーダーは目標を達成できるように管理する立場にあります。ですから、目標を達成できない可能性が出てきた場合は、目標に近づけるためのアクションを、そして目標達成が予測できた時にも、組織としてより大きな成果を出すために「目標の再設定」を行わなければなりません。目標を達成したら、さらに上位の目標を設定するのです。

このように効果を最大化するために、もしくは損失を最小化するために、状況に応じて目標を再設定する行動は「計画組織力」として評価されます。

今回のケースでは、鮮魚部門は今月、目標を達成する見込みであることから、さらに目標を上げるような行動を取りたいところです。ただ単純に目標を上げるのではなく、会社の現状を話したり、期待していることを告げたりして理解を求める行動も伴うべきでしょう。

案件18

差出人：**鶴丸百貨店　インナー雑貨課チーフ　本川**
件名：**退職のご挨拶**
宛先：スーパーマルトモ　北上店　冴木店長殿
Cc：
送信日時：20XX年10月29日　11：23

冴木さん

突然ですが10月30日をもって鶴丸百貨店を退職することになりました。

3年ほどの期間でしたが、いろいろとご支援ありがとうございました。

この後は実家の高知に帰り家業を継ぐつもりです。

冴木さんにも励ましていただいて、自分で仕入れをして自分で販売をするという仕事の醍醐味を越後屋時代から味わってまいりましたが、最近では本社が一括で仕入れた商品をただ販売するだけになるばかりか、人員削減で帰宅も毎日深夜となる激務の毎日でした。

そしてついにリストラという形で百貨店業界から去ることになりました。

私の店舗では30名ほど社員が抜けることになりそうで、極度の人員不足に陥りそうです。そこで人事には、冴木さんが百貨店に戻りたいと言っているという情報だけ伝えておきました。

冴木さんも、もう一度百貨店で仕事の醍醐味を味わえるといいですね。

案件18　リストラ退職

組織は根拠を明確にして判断する人材を求める【意思決定力】

出張先で、おいしいラーメンを食べたくなり、グルメアプリであるお店を見つけました。

しかし、5段階評価で2・5の評価。行くのを躊躇しました。2・5は平均以下だから、よくないと思ったのです。

しかし、地元の人に聞くと、そのお店が地元では一番人気があり、味も一番だと言っていました。そこでお店に向かうと、平均以下の評価がつけられた理由がわかりました。

店が古くきれいとは言えないのです。もちろん不衛生ではなく、単純に古い。さらに店主も頑固で、残すと怒ったりするので、評価が低かったのです。

実際にラーメンを食べると絶品でした。店が古くても店主が頑固でも、味がよければよい私の満足度は星5つでした。

つまり、グルメアプリでの評価が悪いから味が悪いと判断するのは、根拠のない判断なのです。そこには先入観という判断のエラーがあります。

ブラック企業という言葉があります。ルールを守らない企業の姿勢を指しているのなら問題だと私は思いますが、ブラック企業のレッテルを貼られている会社でも仕事を楽しみながら働いている人が大勢いるのを知っています。ブラック企業といわれているから就職しないという判断は、根拠に乏しく、先入観が働いていると思います。

判断する時には「何を大事にするか」の軸を決めて順番をつけることが大事です。ランチを食べる時に、「おいしさ」を取るのか、「価格」を取るのか、「カロリー」で判断するのかで、注文するメニューが異なりますよね。判断に迷う時は、このような判断の軸が絞りきれていないことが多いのです。すべてを満たす選択肢があれば、それに越したことはないのですが、そのようなことはほとんどなく、軸を取捨選択しなければならないのです。

これを判断の根拠と呼びます。

「なぜその判断をしたのか？」と自分に問いかけることで、自身の判断に根拠があるのかがわかります。

私自身も採用や人事異動などの重大な判断をする際には、必ず自分自身にこの問いかけを行います。そうすることで根拠があるかどうかを確かめるのです。

また、根拠は明確でなければなりません。

「こっちのほうがよさそうだから」では、主観ばかりで明確な根拠とは言えません。誰が聞いても理解できる論理的な根拠ではないからです。明確な根拠を持って判断する行動は「意思決定力」として評価されます。

この行動は、相手に自分の意思を伝える際にも大事です。

この案件では、先入観を持たずに、自身が判断する際に根拠を明確にする行動を取っているかどうか確認してください。

たとえば、直接本川と会って情報を確認する、他の方法で鶴丸百貨店の状況を確認するなどの行動があれば、判断の根拠をより明確にしようとしていると言えるのです。

案件19

差出人：**北上店　日用消耗品部門MGR　杉本**
件名：**稲田さまのクレームの件**
宛先：北上店　冴木店長殿
Cc：
送信日時：20XX年11月4日　18：02

お疲れ様です。

稲田さま宅にご訪問してきました。かなり叱責を受けましたが、少し落ち着かれたようです。ただ厄介なことに、今回のことはやはり看過できないので本社の然るべき部署に連絡する、と話しておられました。

SMGRに原因を調査させていますが、彼はよくうっかりミスをするので、おそらく当方のミスであろうと結論づけています。

そこで、先方が本社に連絡なさる前に原因調査結果とお詫び状をお持ちし、その際にこちらの誠意として商品券3000円分をお渡しするのはいかがでしょうか？

経験上長引くとややこしくなりそうですので。

とにかく、今回の件でお店にご迷惑をおかけしたことをお詫びします。

案件19「本社の然るべき部署に連絡する！（怒）」

組織は根回しのできる人材を求める【計画組織力】

「え？　どうしていま頃報告するの」

以前の職場で、クレームが大きくなり自分では対応できなくなった時点で報告した時に上司から浴びた言葉です。なぜもっと早めに報告しなかったのかと叱られたのです。

私自身に、まだ自分で処理できるという自負があったのかもしれません。

なぜこのようなことになったのか？

それは根回しが足りなかったからです。

根回しという言葉を聞くと、何やらダーティーなイメージを持たれるかもしれません。しかし、根回しはビジネスでは不可欠な行動で、相手を思いやる大事な行動なのです。

根回しはインバスケットでは「予測される障害を取り除くための行動」であり、「計画組織力」として評価されるのです。

根回しとは、これから起きることを予想し、あらかじめ利害関係者などに報告、連絡、相談などをして、障害を取り除く行動です。

利害関係者とは、あなたの行動によって利害が発生する人のことです。

たとえば、あなたがオフィスの雰囲気を明るくしようと、棚の上に植木を置いたとします。これはみんなにとっていい行動だとあなたが思ったとしても、中には「その植木は誰が世話をするの？」「虫が発生したらいやだな」と思う人もいるかもしれません。「勝手なことをして」「評価を上げるためにやっている」という見方をする人もいるかもしれません。

つまり、あなたが取る行動には、必ず否定的な見方をする人がいると思ったほうがいいのです。そして、あらかじめ否定的な見方をする人に対して相談や報告をして、余計なトラブルが起きないようにする行動が根回しなのです。

根回しの効果はあなただけにあるのではありません。周りの人にも効果があります。

突然、あなたが会議でアイデアを発表すると、周りの人は驚いたり戸惑ったりするでしょう。中には急に質問されて答えに困り窮地に陥る人もいます。根回しは、こうしたことが起きないようにする、相手にとっても衝撃緩和材のような効果がありま す。だから根回しは相手を思いやる行動なのです。

今回の案件では、お客様が本社に報告すると言っているのであれば、あらかじめ本社の関係部署や上司などに今回の件を報告し相談する行動を取りたいところです。

これが計画組織力として評価されるのです。

組織は助言をしたり、助言を求めたりする人材を求める【問題分析力】

リーダーには責任感が強い人が大勢います。

しかし、あまりにも責任感が強すぎて、自分一人で悩みを抱え込んだり、トラブルを一人で解決しようとする人、そしてついには自分を追い詰めてメンタルを病んでしまう方もいます。

このような状態にならないためにも、「相談」と「助言」をこの案件ではご紹介したいと思います。

まず「一人で悩まない」という姿勢を持ちましょう。たとえ自分が引き起こしたトラブルだとしても、それはあなた個人の問題だけではなく、あなたが所属する組織の問題でもあるのです。だから、一人で悩み、解決しようとする姿勢は、個人としては尊重できるものの、組織の一員としては課題が残るのです。

私も前職でかなり窮地に追いやられるクレームや事故を経験しました。自分が辞めることで収まるのであれば、それも選択肢の一つだと思いました。夜も眠れないほど悩んだこともあります。

しかし、組織で仕事をするのは、その役割を演じているということなのです。役割として責任を取らなくてはいけませんが、役割を外れたら気持ちを切り替えることが大事です。必要なのは組織の一員として、自分の役割において何をしなければならないのかを考え、周りに相談することなのです。

相談するという行動は「計画組織力」として評価されます。

組織力とよくいわれます。最大の組織力は、みんなで考えることだと私は思います。

一人で悩んでも考え方が変わらなければ、出てくる結論も同じです。しかし、いろいろな人の知恵が集まれば、解決することも多いのです。だからこそ、周りから助言をもらう行動はインバスケットでは問題分析力として評価されるのです。

特に専門家や経験者から助言をもらう行動は、より高度な情報収集力として評価されます。

このように組織を使って問題を解決することが大事なのですが、相談したり助言をもらったりする際に、前もってやるべきことがあります。それは相手と信頼関係を作っておくことです。相手との信頼関係がないと、いざという時に相談に乗ってもらえませんし、助言を手に入れることもできません。だからこそ、普段から自分自身も相談に乗ったり助言を与えたりする行動を率先して取るべきなのです。

今回の案件では、問題がよりこじれそうな状態になっています。

自分の店だけで解決策を検討するのではなく、上司や本社、周りの店長などに相談をし、助言を得る行動を取っているかをチェックしてください。

案件20

差出人：**北上店　精肉部門MGR　奥田**
件名：**現在の催事について**
宛先：北上店　冴木店長殿
Cc：
送信日時：20XX年11月4日　18：01

お疲れ様です。

他部門の売り場に口を出すつもりはないですが、北海道フェアの鮮魚売り場はひどいと思います。
鮭やタラなどいつもと同じものばかり並んでいて著しく目新し感がないし、装飾にも手を抜いて、ただ北海道フェアのポスターを貼っているだけにしか僕には見えません。そもそも若いMGRだからとも思っていますが、もっと商売に力を入れなければアッという間に顧客は離れてしまいます。
もっと気合を入れるべきだと思い、苦言を呈しました。

以上

案件20　「目新し感」がない手抜きフェア

組織は仮説を立てることのできる人材を求める【問題分析力】

ビジネスでは、ある情報をうのみにしてしまうことで大きなトラブルを引き起こすことがあります。部下から、お客様に少し意見を言われたという報告を、そのまま受け取っていると、後から重大なクレームだったことに気がつくこともあるのです。

信じた情報が事実となぜ異なるのか？　事実確認というプロセスが欠けているからです。事実確認ができていないと、人から聞いた情報で判断を誤っても、情報を発信した人ではなく、その情報を使って判断した人に責任があることになります。

また、あなたが受け取った情報を上司にそのまま報告した際に、情報が正確でないと上層部の判断を狂わせる結果になってしまいます。

昔の戦記などを読むと、情報を操作して陥れたり、間違った情報を流したりして敵を混乱させるのは、戦いの常套手段です。いまもデマによって多くの人が詐欺やトラブルに巻き込まれています。そんな時代だからこそ、信じてしまいそうな情報を「疑う」姿勢が大事なのです。

疑うというと聞こえが悪いのですが、これは「仮説を立てる」という行動で、インバスケットでは「問題分析力」として評価されます。

信頼する部下からの報告にも、信じ込んでいる常識にも、ぜひ疑うというプロセスを入れて、さらに確実な判断を行ってほしいものです。

今回の案件では、奥田マネジャーがメールに書いていることの事実確認が必要です。特に奥田マネジャーの主観が入っている部分が多いので、事実確認のための行動が必要です。たとえば、売り場の写真を撮っておく、他のマネジャーから意見を聞く、本部にマニュアルや手順書があればそれを取り寄せるなどの行動が取れているかをチェックしてください。

組織は会議を有効に活用できる人材を求める【計画組織力】

会議を開催するという行動は、インバスケットでは「計画組織力」として評価されます。会議は組織力を発揮する重要な手段だからです。

まず会議の目的を確認していきましょう。

会議の目的の一つに「情報共有」があります。一人ひとりに伝えるより、全員に一度に伝えるほうが効率的ですし、伝え方の齟齬《そご》がなくなります。疑問点があればその場で討議でき、双方向の情報共有が可能です。方向性を共有できたり、参加者の当事者意識や参画意識を高めたりすることもできます。

問題解決を会議で討議する際も、そのプロセスを全員が把握できますし、それぞれが持っている情報の交換もできます。さらに、その場で判断をして、背景や意図を伝えることもできます。

会議は使い方によっては非常に有効なツールなのです。

リーダーは会議を有効に使って成果を上げていくことが大切です。

今回の案件では、「今回のフェアについて」などを議題にして会議を開催するなどの行動が取れていれば、計画組織力が発揮できています。さらに、会議の開催時期と参加者を明確にすることができれば、明確な計画を立てる行動として組織力が発揮されていると評価できます。

3 物語編その2

1

黄緑色の葉から漏れる、11月にしては強い日差しが、病院の白いタイルに反射している。

俺はベッドの横にあるパイプ椅子に座った。

「純。仕事は大丈夫かい？」

ベッドの中で身を起こしながら、か細い声で話す年老いた母親は、いつもの気丈さがなく、小さく見えた。

俺は監査が終了し、その足でこの病院に来た。あまり寝ておらず、おそらくひどい顔だったのだろう、母親にかえって心配をかけてしまったようだ。

「陽菜が大騒ぎしたみたいだけど、お母さんは大丈夫だからね。純は仕事頑張って」

俺は吊るされたギプスの右足を眺めながら返した。

「大丈夫には見えないよ。……俺さあ、いまの仕事を辞めようかと思っているんだ」

「え？　せっかく店長さんになったんじゃないのかい。どうして」

「…………」

百貨店に戻りたいといま言うと、母のことだから「お母さんは大丈夫、その百貨店に戻りなさい」と言うに決まっている。だから言葉を濁したのだ。

「純はねえ。いままで自分がやりたいことをはっきり言ってこなかったから、これからはやりたいと思ったら言ったほうがいいよ」

「そんなこと……俺は言いたいことを言ってたつもりだけど」

「純、あの子犬覚えているかい？　あなたが小学校5年生の頃だったかね」

「え……あ……あの茶色の」

俺は思い出した。あれはたしかに小学校5年生の冬だった。友達と公園で遊んでいると、友達が子犬の入った段ボール箱を見つけ、俺を呼びよせた。

段ボール箱の中には、かわいいとは言い難いほど耳が垂れ下がった茶色い子犬が入っていた。いまどきの表現でいうなら「ぶさかわいい」かもしれない。しかし、茶色い毛は汚れているせいか黒に近くなり、太ももにはカラスにでもつつかれたのだろうか、大きな傷をかさぶたが覆っていた。

精一杯小さな鳴き声をあげながら、さみしそうな目つきで俺を見上げる。

両親からはペットは飼わないと宣言されている。でも、その犬を無視することはどうしてもできなかった。ジャンパーの懐《ふところ》に子犬を入れて遊び続けた。帰る頃、子犬を懐から出そうとすると、まるで母親の腹の中にいるように、すやすやと眠っていた。


俺は夕暮れを背にして家の前に立っていた。

どうしても子犬を箱の中に戻すことができなかった。恐る恐る玄関のドアを開けると、外にいる俺の気配を知ってか母が待っていた。

その目は俺の膨らんでいるジャンパーの懐に注がれていた。近寄って懐の中の茶色い犬を覗き込み、困った顔をした。

俺は涙が流れてきた。わからない。怒られる怖さ、この犬を飼いたい気持ち、でもそれが無理なことも知っていた。どうしていいかわからない。

玄関で突っ立っていると、次に父親が出てきた。そのとき子犬は目をさまし、クイーンと鳴いた。俺は頭を出した子犬を懐に押し込んだ。

「純、なんだその犬は!」

父の問いかけに、俺は反射的に体をびくんとさせて、あわてて外に逃げ出した。

ごめんね、ごめんね。そう言いながら雨が降りはじめた中を公園に向かって走った。そして公園の隅に置かれた、雨で崩れかけた段ボール箱の前に立ち、子犬をジャンパーの懐から取り出した。

「ごめんね。うちでは飼えないんだ。わかってね。ごめん」

子犬は、頬ずりする俺の顔を何度もなめた。温かかった。そして箱の中に置いて離れようとする俺を呼ぶようにクンクンと鳴いた。


次の日、母親は「その犬を飼っていい」と言った。面倒をみるという条件はついたが、母が父親を説得してくれたらしい。意外だった。

父もそれほど反対はしなかったと聞いて、俺は勝手に飼えないと思い込んでいたのだと悟った。俺は踊るように茶色い子犬を迎えに公園に走った。

公園の隅には、数名の大人と俺の友達が段ボール箱を取り囲んでいた。子犬は眠っていた。

「かわいそうにね。昨日まで生きていたのに」

友達は俺に言った。

「え……」

俺の時間は止まった。

大人は「昨日の雨と今朝の冷え込みに耐えられなかったんだろう」と言っている。

俺は目の前で起きていることを理解できなかったのだと思う。そっと手を伸ばし茶色い子犬の頭をさわろうとした。

「だめよ、ぼく。汚いから。もうすぐ保健所の人が来るから、触っちゃダメ」

俺は泣きじゃくりながら、

「汚くないもん。この犬を家で飼うんだもん」

そう大声で叫びながら子犬を抱きかかえた。


あの時、自分の言いたいことを父に言えたら。あの時、誰かに相談できていたら。あの時、もっと暖かく濡れない場所にあの犬を置いていたら——。

「純は優しいから、自分の思ったことが言えないのよね」

そう言うと母は優しいまなざしで微笑みながら、

「だから、今日は本当のことを言っていいのよ」

本当のこと？　本当のことって何だ？

もう自分にとって今回の転職がラストチャンスになること、家族が自分の考えに賛成してくれていること……。

「実はまた百貨店に戻ろうと思っているんだ」

「そうなの。純は昔から人とお話しして感謝されることが大好きだって言ってたわね。そんなに百貨店はいい仕事なのかい」

「え？　俺そんなこと言っていたかな」

「言っていたよ。子供の頃も近所のおじいさんが話し相手になってくれたって、純は話してたよ。おじいちゃんすごくうれしそうに話すんだ、って」

俺は、窓の外の木の枝を見ながら、昔を思い出した。

そうだ。たしかに俺は多くの人と話をし、感謝されたいから百貨店を選んだ。

「母さん、なんだか俺は勘違いしていたみたいだよ。もう一度考えてみる」

俺は母にそう言った。

2

翌日俺は店の面談室で、精肉の奥田マネジャーと対峙していた。

「私の判断で行ったことです」

俺は奥田の主張がどうしても納得できなかった。

「それは事実じゃないね」

そう言って俺は奥田の目の前にメールのコピーを並べた。

「あなたが利益を架空計上するために在庫の水増しをしたのは帳簿が物語っている。そしてそれをした……いや、そうさせた証拠がこれだ」

奥田は肩を落としながら、目の前に置かれた自分あてのメールをぼんやりと見ていた。

「上杉部長だね」

「…………」

「悪いが君のメールを店長の職権で過去にさかのぼりすべて見せてもらった」

奥田はぷるっ、ぷるっと断続的に体を震わせている。

「どうして、こんな指示に従った。不正と知っていただろう」

「もういいでしょう。僕を処分してください」

「君はたしかにルールを犯した。しかし、やむを得ない事情があって、部長からの指示を断りきれなかった。その事情を教えてほしい」

奥田は絞り出すように事情を話し出した。

「バイヤーになりたかった」

「え？　バイヤーに」

「上杉部長は精肉出身のカリスマ的人物です。彼が商品本部に口をきいてくれて僕をバイヤーにすると約束してくれたのです」

「だからってこんなバカなことを。君だったら実力で……」

「店長は越後屋出身だからわからないんですよ。僕はマルトモのプロパーでここまで来ました。でも、いま商品本部はじめ上層部はすべて越後屋出身者で占められています。普通だったら、僕らがそこの席に着くのは不可能じゃないですか」

「だからって……君は間違った判断をしたことをわかっているだろ」

奥田は泣き崩れ、しばらく話にならなかった。

「そうか、監査にそのメールのやりとりをすべて渡したのか」

俺は上杉からの問いに無言でうなずいた。

「よく調べたな。さすがだ」

そう言ってコーヒーをすすった。

「どうしてこんなことを……」

「責任だよ、責任」

「え？」

「私は会社の36％の売り上げに責任を持っている。利益は41％だ。従業員はパートを含めると５００名以上いる。その責任だ。君にわかるか？」

「わかりません。それは責任を果たしたことにはならないでしょう」

「今期利益を出さないと、それこそ越後屋に吸収される。マルトモを守るためには利益目標を達成させることが絶対条件だ」

「ということは、うちの店1店舗だけじゃないですね。いくらなんです、架空計上は」

上杉をちらっと見ながら話すと、目をそむけながら言った。

「1億ちょいかな」

「それで本社が利益を達成したと見て今回の安売りをしているのですね」

「バカな奴らだからな。もっとも、そのバカな奴らの下にいる私はもっとバカかもな」

俺は薄ら笑いをする上杉を見て悲しくなった。

「私はあなたを尊敬していたのに。残念です」

「あ、誤解があるといけないから言っておくよ。君を越後屋に戻そうとしたのは、温情じゃない。君がこの件を探り出したからだ」

「そんな……いや、それは違うでしょう。うそを言っている」

「まあ、ともかく越後屋の話はまとめておいた。あとは君が決めればいい」

「……ありがとうございます」

「君と一緒に仕事をしてよかったのかもしれんな。そうでなければ俺は暴走して、もっとひどいことになっていたかもな。変な言い方だが少し肩の荷が下りたよ」

俺は返す言葉もなく、喫茶店をあとにした。

3

やることがたくさんある。

例のギフトの誤配はまだ解決していない。稲田様はすぐには許してくれないかもしれない。しかし、顧客データを調べると、稲田様は当店の優良顧客リストに載っているお得意様だ。誠意を示して、きちんと原因究明をしてご報告とお詫びに上がるつもりだ。

また、店内にはびこった従業員への強制商品販売は、どうやら国松マネジャーだけが行っていたようだ。強制販売された従業員にはヒアリングを行い、希望に応じて販売を取り消すように指示をした。これは俺が目標達成だけを国松マネジャーに伝えたのがよくなかった。彼の性格は猪突猛進だ。なんでその性格に応じて指示を出せなかったのだろう。

原サブマネジャーの退職の意思は固いようだ。しかし、彼は自分の身を挺して今回の問題を提議してくれた。つまり、マルトモに対して愛社心が強く、パートなど部下への思いも強い。彼には配置転換の提案をした。上司との関係上、働きにくいだろうと思ったからだ。あとは彼の返事次第だ。

今回の問題は、俺が会社から注目されるがゆえに、その立場を守るために数字に固執し、大事なところをたくさん見落としていたことを教えてくれた。

もう一度現場に戻る意味でも、今度荒川マネジャーと一緒に越後屋物流に外商に行こうかと思う。その企画も全部門にまたがったプロジェクトとして、本社の応援をもらい実施しようと思う。そのかわり恒例の朝市はいったん中止し、何が悪かったのかをマネジャーと討議することも決めた。


1ヵ月後、上杉部長がおこなった不正は、会社全体の大事件として扱われた。驚いたことに上杉部長が主謀者ではなく、専務が上杉部長に利益操作を指示したという疑いが出て、専務は退任することになった。上杉部長は降格で畜産部のバイヤーへの辞令が出た。

社内に再発防止のためのプロジェクトが結成された。このプロジェクトは今回起きた事件の背景にあるものを根本から変えていこうとするものだ。人事制度、組織体制、利益管理、戦略の策定など、マルトモが抱えている問題をすべて洗い出し、経営陣に改革提案書を出すらしい。

そのプロジェクトリーダーに俺が推された。こんな時にまた1つ選択肢が増えてしまった。

しかし……悪くないと思う。今回の事件で見えた問題は、この会社をよくする種だと思う。

もちろん百貨店に戻りたい気持ちがないわけではない。しかし、いまはこの会社を百貨店のようなキラキラしたスーパーに変化させていきたい気持ちが高まっている。

あの茶色い子犬にしたように、この会社を捨てて後悔したくはない。

多くの人と話して喜んでもらうという仕事は、百貨店だけのものではないのだ。スーパーでの仕事を通じてもう一度、自分が大事にする仕事の形を信じてみたい。


俺がいま選ぶ選択肢で、将来の自分が変わる。

判断次第で、百貨店に立っている俺もいるだろうし、マルトモで改革のリーダーとなる俺もいる。母親を看病する俺もいる。

どうなるかはわからない。でも、いまの判断で変わることだけは、わかる。

そして5年後……。

あの道の駅の祠に立ち寄った。いまの自分にどうしても選べない選択肢があるからだ。

獣道をかき分けて進むと不思議なことが起きた。

あの祠がないのだ。取りこわされたのか？

道の駅に戻り、地元の従業員に尋ねた。すると意外な答えが返ってきた。

「あの道は地元の人が海藻をとりに降りる道で、祠などは昔からないですよ」

俺はもう一度祠があった場所を、道をかき分けて探したが、どうしても見つけることができなかった。

まるで、夢を見ていたかのようだ。

あの祠、あの老人。では、俺は誰と話したのだ。そしてその後、多くのチャンスが洪水のようにやってきたのはなぜだったのか？

俺はバイクを新潟方面に走らせる風の中で、あの時に老人の言った言葉を思い浮かべた。

「人には同じだけのチャンスが巡ってくる」

ということは、俺はすでにチャンスを使い果たしたのか？

いや、ちがう。俺の前にはいま、多くのチャンスがあるのだから。

4
インバスケットでできる自分改革

インバスケットの攻略法

インバスケットを体験されて、如何でしたでしょうか?

インバスケットを体験された皆さんの多くが「時間が足りなかった」「思ったよりできなかった」とおっしゃいます。

私自身も、最初にインバスケットに挑戦した時には、激しく打ちのめされました。できない自分をまざまざと見せつけられて、自信をなくしたものです。

私と同じく多くの方がインバスケットの結果に悔しい思いをされることと思いますが、できない自分を直視することで、それを克服するために多くの方がインバスケットでトレーニングしています。

しかし、残念なことにインバスケットをテクニックやコツで乗り切ろうとしている人が後を絶たないのも事実です。本書をご覧の方の中にも、ひょっとして「インバスケットのコツ」を摑むために読んでいる方がいるかもしれません。

実際に、ネットで当社のホームページにたどり着くキーワードの中に、「インバス

ケット　コツ」「インバスケット　合格法」などが上位に入ることがあるのです。

しかし、私はインバスケットを誰よりも長くトレーニングしてきた経験から言い切れます。コツなどは存在しません。

インバスケットは仕事のシミュレーションです。仕事に「コツ」で成功した人はいないように、インバスケットにもコツはないのです。

ただ、もしコツに相当するものがあるとすれば、何を評価されるのかを知り、その評価項目のどこが自分の弱みなのかを知ることでしょう。私もインバスケットを攻略する方法を探し続けました。そしてわかってきたのは、テクニックやコツを習得するより、インバスケットが何を評価するのかを知り、自分が持っている能力の出し切れていない部分と照らし合わせて力を出し切ることだったのです。

たとえば問題解決や判断が得意であっても、何かの枠組みにはまったようにアイデアを出せない方は、アイデアを出せるように意識するだけでインバスケットのスコアは大きく変化します。つまりインバスケットの攻略法は、自分のできない部分を知り、それをできるようにすることなのです。

ではここで、よくご質問いただくインバスケットのやり方を、私なりにいくつかご紹介しましょう。

1　作戦を立てる

多くの方が失敗するのがこれです。60分という時間が与えられたら、まず作戦を立てましょう。つまり計画を立てるのです。計画の立て方は逆算です。

案件処理に全体の3分の2を充てるとすれば、40分必要です。その40分も全案件に均等にかけるのではなく、優先順位の高い2～3割の案件に30分、残りの案件に10分ほどを割り当てます。

このように作戦を立てれば、残りの20分で全体を読み、優先順位をつけるという計画が必然的に出来上がるのです。

2　内容を理解する

インバスケットはおおよそ1万～2万文字の大量の情報から成り立っています。限りある時間の中ですべてを完全に把握するのは難しいでしょう。必要な情報だけを読み取り内容を理解することが大事です。

たとえば、インバスケットについている資料などは必要なものもあれば、不要なものもあります。したがって、資料を読み込むのではなく、どのような資料があるのかだけを把握し、判断する際に必要な資料を使うようにします。また、各案件にも必要でない情報が多く含まれているので、「この案件はどのようなものか」を理解するのではなく、「自分が判断しなければならないことは何か」という観点で案件を見ると、内容を理解する時間がかなり短縮されます。

また、気になるキーワード、たとえば人名や日にち、固有名詞などにはマーカーや下線を引けば、読み返す時にすぐにたどり着けるのでお勧めです。

3　とにかく手を動かす

インバスケットは、どんなに良いことを考えても、良いアイデアが出ても、アウトプットができないと評価されません。回答用紙に書いていないものは評価されないのです。したがって、いかに手を動かし続けるかが大事です。

考え込んだりする方もよくいるのですが、止まって考えるのではなく、手を動かしながら考える癖をつけるべきだと思います。

また、やたら深読みする方がいらっしゃいますが、これもあまりお勧めできません。インバスケットは推理小説ではありません。謎解きは必要ないのです。

4 正解を意識しない

点数を上げるために、どのような回答を書いたらいいかを意識しすぎて、いつもなら出せる能力を逆に出せなくなる方もいらっしゃいます。これは非常にもったいないことです。

インバスケットは、あなたのいつもの行動を点数化します。ですから、いつもと違う自分を装うのではなく、いつもの自分プラス自分の弱いところを意識しつつ回答を書いていくことがスコアを上げる近道だと思います。

また、いつもより、やや細かく書くことも意識してください。たとえば、評価者はなぜその判断をしたのかを採点するので、「了承した」だけでなく、「○○なので了承した」と書いたほうが、プロセスがわかりやすくなります。

もちろん、これは通常の仕事にも通じるものです。

5　自分の弱いところを意識して強める

先ほどお伝えしたように、自分の弱いところは明確に意識してください。アイデアを出すことが苦手なら、アイデアを出すことを意識してインバスケットに挑戦すると、弱いところが克服できます。アイデアの内容そのものはあまり気にしなくていいのです。第三者にアイデアを出すという行動自体が伝わればいいのです。

ですから、少し大げさに書いてもいいと思います。

6　体裁を気にしない

きれいに書こう、完璧に書こうとして細部にこだわってしまうのは仕方がないことですが、インバスケットでは体裁よりも、相手がアクションをとれるように伝えることを最優先するべきです。

きれいな字を書こうと時間をかけるよりも読めればOKととらえること、わからない漢字で悩むよりカタカナでも伝われば十分なのです。

ただし、相手が読める字であることは大前提です。

7　メリハリをつける

案件処理には深さと広さがあります。広さを追求すると全案件を1〜2行ずつ書いて済ませる処理になりますし、深さを追求すると全体の1割ほどの案件処理しかできません。どちらも残念な案件処理です。

したがって、優先順位の高い案件とそうでない案件に分けて、パワーのかけ方を変えます。

回答の行数を基準とした時に、優先順位の高い案件は、そうでない案件の約2倍から3倍ほどの行数をめざすと、メリハリのついた案件処理ができるのです。

インバスケットを継続的にトレーニングする方法

どんなトレーニングも継続しないと意味がありません。英会話はレッスンを1回受けただけでは話せるようになりませんし、ゴルフも打ちっぱなしに1回行ったからといってうまくなるわけではありません。

インバスケットも同じで、一度トレーニングをすると自分のできないところがあからさまにわかると思いますが、大事なのは、そのできていないところを克服することです。したがって反復練習するのは非常に大事です。

特に職場でインバスケット思考を使う環境でない場合は、インバスケットで反復トレーニングをするべきです。あなたが判断をする立場にいない場合、どうしても判断をする機会がなく、使わない判断力は徐々に退化してしまいます。

判断力を維持するために、インバスケットを定期的に行い、トレーニングを持続させるべきでしょう。

個人でトレーニングをする時に、多くの種類の問題に取り組もうとされる方がいますが、私は同じ問題を繰り返しトレーニングすることをお勧めしています。

同じ問題を繰り返すのは、一度やった問題だから効果がないと思われる方もいらっしゃいますが、私はそうは思いません。

一度やった問題にもう一度取り組むと、いままで見えなかった背景や全体像が見えますし、一度目にできなかったことを意識することで、自分の案件処理の形も出来上がっていきます。３度目になっても、まだまだ抜け漏れがあることに気がつきます。

私は３冊の問題集を３度繰り返すトレーニングを行ってきました。

ただ数をこなすトレーニングより、はるかに効果が上がると思います。

個人でトレーニングを繰り返すほかに、自分の能力が他者と比べてどの程度のレベルなのかを知るために、２つの手法をご紹介したいと思います。

一つはスコアリングです。これはインバスケットの回答を、専門の評価者が点数化する技術のことです。

企業が昇格試験などでインバスケットを活用する際には、一般的にこのスコアリングが使われており、当社では10個の能力値について70ほどのチェック項目を使い、その方の点数を偏差値にして分析しています。

スコアリングでは、できていない行動も具体的にわかります。「判断の根拠として情報を活用できているが、その情報の裏付けを取る行動ができていない」などとコメントが書かれるので、具体的に自身の課題が見えてきます。

もう一つ、セミナーや勉強会などで、他者とグループワークをすることも効果的です。実際に他者の案件処理と比較することができますし、自分にない考え方を知ることができる貴重な機会です。公開型のインバスケット・セミナーなどでは、異業種や違った職位の方と討議できるので、判断の選択肢が広がります。

インバスケット・トレーニングを繰り返すと、知らず知らずのうちにアウトプットが増えてきます。読解力も上がりますし、文章で表現するスピードも速くなります。またいろいろな観点を持つことができ、何より判断のプロセスを自動的にたどることができるので、判断に苦しむこともなくなるのです。

そのうちにインバスケットの感覚が仕事に入り込んできます。たくさんの未読メールが入っているメールボックスを見た時に、インバスケットに取り組むような感覚になってくれば、かなりインバスケット思考が身についたと言っていいでしょう。

インバスケットの効果

インバスケット・トレーニングをしていくと、自分のできていないところに気づき、それを修正することができます。したがって、インバスケットの効果は人によりさまざまですが、大きく4つの効果があります。

1 優先順位設定力の向上

いままですべてに全力で取り組んでいた方は、より重要な案件に力を入れて成果を上げられますし、他人から見てピント外れな優先順位をつけていた方は、少し優先順位の基準を変えるだけで、順位づけに悩まなくなっていきます。

ある受講者からは「すべての仕事をしなくてもいいことを知って、楽になった」との声をいただきました。

2 問題解決力の向上

多くの皆さんがトラブルをうまく解決することを問題解決力と勘違いしています。インバスケットで「見えない問題」の見つけ方を知ったり、情報の扱い方や裏付けの取り方、アイデアの出し方などを知ったりすることで、本質的な問題解決の方法を身につけることができます。

いままで問題解決と結びつかなかった原因を知ることができるのです。

3　洞察力の向上

洞察力とは全体を俯瞰して判断したり、先を見通し行動する能力ですが、インバスケットでは、全体を把握したり、他の案件と関連づけたりしないと判断できない問題設計になっています。

ですから、目の前のことだけに夢中になってしまう方にとっては、全体を見て判断する力を養うための、うってつけのツールになります。

4　判断力の向上

インバスケットは最強の判断力ツールといわれています。とっさの時や情報が少ない時でも最適な判断を下せるかを試すことができます。自身の判断パターンを知ることで、よりよい判断に近づくために何をすればいいのかわかります。

たとえば、私は信頼する人から「本当にそれでいいのか」と質問されると、あっさりと判断を覆す癖がありました。その癖があることを知ってから、自分にはそのような癖があると意識して判断をするようにした結果、助言は助言として聞くことができ、冷静に判断ができるようになっています。

実践に活かせるインバスケット

さて最後の項目になりました。

ご自身の能力を高めたくて本書をお読みいただいた方も多いでしょう。また、近々昇格試験を控え、そのトレーニングとして本書をお読みいただいた方もいるかもしれません。

ここで、はき違えていただきたくないことがあります。

それは「インバスケットをうまくこなせるようになることが目的ではない」ということです。

昇格試験を受けられる方も同じです。

「昇格試験に合格することが目的ではない」のです。

インバスケットは道具に過ぎません。あなたがもっと多くの成果を上げるために、いま何が必要なのかを知る道具です。ですから最終目標は「自分の能力向上」ととらえていただきたいのです。

つまり、インバスケットで気づいたこと、変えなければならないことを、実践に活かさなければ意味がありません。

昇格試験も同じです。昇格試験に合格したとしても、インバスケットで身につけた力を本当に発揮しなければならないのは、その後なのです。

実践に活かすことが目的であり、インバスケットはその手段であることを再認識していただければと思います。

インバスケット思考の真髄は、「限られた時間の中でより高い成果を上げること」です。とても深く、やればやるほど深さを感じるテーマです。

私は講師をしています。朝10時から夕方5時のインバスケット研修は、この7時間の中で、より多くの気づきを受講者に持って帰ってもらうことが目的です。

しかし、多くのことを伝えようとすると、本当に伝えなければならないことが伝わらなくなったり、受講者が早退したり、予想外の質問が来たりと、まるでリアルインバスケットのような状態になります。

研修が終わると、頭がどっと疲れます。これもインバスケットそっくりです。そしていままで一度も自分の中で課題が残らない研修はありませんでした。これもインバスケットの回答と同じです。

このようにインバスケットは実践でも実は毎日のように行われており、一日の仕事も、一週間の仕事も、そして一生も、限られた時間の中でより高い成果を残そうとするリアルインバスケットなのかもしれません。

本書が、あなたのリアルインバスケットの進め方に少しでも良い変化を与えることができれば、この上ない喜びです。

最後に、本書を読み終えるあなたに贈る言葉があります。

それは、「気づきを行動に変えてこそ価値が生まれる」ということです。

多くの方がインバスケットで「気づき」を得られます。

しかし、残念ながら行動に変えることができる方は、全員ではありません。

気づきを行動に変えるには力が必要となることもありますが、わずかでもいいので、ぜひあなたには行動を変えていく勇気を持って、前に進んでいただきたいと思います。

おわりに　人生を変えるインバスケット

私はインバスケットで人生が変わりました。

一番変わったのは、自分を振り返ることの大事さを知ったことかもしれません。

私たちはまるで急流を行く船に乗っているかのように、人生を歩んでいます。あっという間に春が来て、暑い夏が過ぎ、秋を感じ、そして年末になる。仕事やプライベートの濃度が高ければ高いほど、この流れは速くなります。

しかし、流れていくだけでなく、いまの自分をしっかり見つめ直すことの大事さをインバスケットは教えてくれます。

インバスケットに書かれた回答はまぎれもなく、いまの自分の判断や行動であり、それを見ることで自分改革の大きなチャンスが開けます。

最大の罪は「知らない」ことだと私は思います。しかも、自分自身のことでも知らないことがたくさんあるのだとインバスケットは教えてくれました。

だからこそ、自分の進む方向は自分で決める大事さを本書でお伝えしたく、あえて従来のインバスケットのセオリーから外れて、プライベートの案件を入れました。

本書があなたのこれからの判断や進む道をさらによくする糧になることを、心から祈って筆を置きたいと思います。

最後に本書の制作にあたりご指導いただいた講談社の唐沢さま、陰で支えてくれた関係者の方々に厚くお礼を申し上げたいと思います。

また、本書にお忙しい時間を使っていただいたあなたにも、最高の感謝の気持ちをお伝えしたいと思います。

ありがとうございました。

2015年11月　インバスケット研究所　鳥原隆志

鳥原隆志−1972年生まれ。大阪府出身。大学卒業後、株式会社ダイエーに入社、販売部門や企画部門を経験し、10店舗を統括する食品担当責任者（スーパーバイザー）として店長の指導や問題解決業務に努める。ダイエー管理職昇進試験時にインバスケットに出会い、自己啓発としてインバスケット・トレーニングを開始。日本で唯一のインバスケット教材開発会社として、株式会社インバスケット研究所を設立し代表取締役に就任。法人向けのインバスケット教材開発と導入をサポートする、日本のインバスケット・コンサルタントの第一人者としてテレビやラジオに出演し、ビジネスマンの行動分析をするなど活動中。著書に『究極の判断力を身につける　インバスケット思考』（WAVE出版）ほか多数。

講談社＋α文庫　世界一《せかいいち》わかりやすい「インバスケット思考《しこう》」

鳥原隆志《とりはらたかし》　©Takashi Torihara 2015

2015年12月17日第１刷発行
2022年10月21日第５刷発行

発行者──────鈴木章一
発行所──────株式会社　講談社
東京都文京区音羽2-12-21　〒112-8001
電話　編集（03）5395-3522
販売（03）5395-4415
業務（03）5395-3615

デザイン────鈴木成一デザイン室
本文データ制作──講談社デジタル製作
カバー印刷───凸版印刷株式会社
印刷──────株式会社新藤慶昌堂
製本──────株式会社国宝社

落丁本・乱丁本は購入書店名を明記のうえ、小社業務あてにお送りください。
送料は小社負担にてお取り替えします。
なお、この本の内容についてのお問い合わせは
第一事業局企画部「＋α文庫」あてにお願いいたします。
Printed in Japan ISBN978-4-06-281637-3
定価はカバーに表示してあります。

講談社+α文庫 Ⓖビジネス・ノンフィクション

情報への作法 日垣 隆
徹底した現場密着主義が生みだした、永遠に読み継がれるべき25本のルポルタージュ集
952円 G 225-1

ネタになる「統計データ」 松尾貴史
ふだんはあまり気にしないような統計情報。松尾貴史が、縦横無尽に統計データを「怪析」
571円 G 226-1

原子力神話からの解放 日本を滅ぼす九つの呪縛 高木仁三郎
原子力という「パンドラの箱」を開けた人類に明日は来るのか。人類が選ぶべき道とは？
762円 G 227-1

大きな成功をつくる超具体的「88」の習慣 小宮一慶
将来の大きな目標達成のために、今日からできる目標設定の方法と、簡単な日常習慣を紹介
562円 G 228-1

「仁義なき戦い」悪の金言 平成仁義ビジネス研究所 編
名作『仁義なき戦い』五部作から、無秩序の中を生き抜く「悪」の知恵を学ぶ！
724円 G 229-1

世界と日本の絶対支配者ルシフェリアン ベンジャミン・フルフォード
著者初めての文庫化。ユダヤでもフリーメーソンでもない闇の勢力…次の狙いは日本だ！
695円 G 232-1

管理職になる人が知っておくべきこと 内海正人
伸びる組織は、部下に仕事を任せる。人事コンサルタントがすすめる、裾野からの成長戦略
638円 G 234-1

＊図解 人気外食店の利益の出し方 ビジネスリサーチ・ジャパン
マック、スタバ……儲かっている会社の人件費、原価、利益。就職対策・企業研究に必読！
648円 G 235-1

＊図解 早わかり業界地図２０１４ ビジネスリサーチ・ジャパン
あらゆる業界の動向や現状が一目でわかる！ 2550社の最新情報をどの本より早くお届け！
657円 G 235-2

すごい会社のすごい考え方 夏川賀央
グーグルの奔放、ＩＫＥＡの厳格……選りすぐった8社から学ぶ逆境に強くなる術！
619円 G 236-1

＊印は書き下ろし・オリジナル作品

表示価格はすべて本体価格(税別)です。本体価格は変更することがあります

講談社+α文庫 Ⓖビジネス・ノンフィクション

書名	著者	内容	価格	番号
「結果を出す人」のほめ方の極意	谷口祥子	部下が伸びる、上司に信頼される、取引先に気に入られる！ 成功の秘訣はほめ方にあり！	670円	G 246-1
伝説の外資トップが教えるコミュニケーションの教科書	新 将命	根回し、会議、人脈作り、交渉など、あらゆる局面で役立つ話し方、聴き方の極意！	700円	G 248-1
口べた・あがり症のダメ営業が全国トップセールスマンになれた「話し方」	菊原智明	できる人、好かれる人の話し方を徹底研究し、そこから導き出した66のルールを伝授！	700円	G 249-1
小惑星探査機 はやぶさの大冒険	山根一眞	日本人の技術力と努力がもたらした奇跡。「はやぶさ」の宇宙の旅を描いたベストセラー	920円	G 250-1
「売れない時代」に売りまくる！ 超実践的「戦略思考」	筏井哲治	PDCAはもう古い！ どんな仕事でも、どんな職場でも、本当に使える、論理的思考術	700円	G 251-1
〝お金〟から見る現代アート	小山登美夫	「なぜこの絵がこんなに高額なの？」一流ギャラリストが語る、現代アートとお金の関係	720円	G 252-1
仕事は名刺と書類にさせなさい 「目立つが勝ち」のバカ売れ営業術	中山マコト	一瞬で「頼りになるやつ」と思わせる！ 売り込まなくても仕事の依頼がどんどんくる！	690円	G 253-1
女性社員に支持されるできる上司の働き方	藤井佐和子	日本一「働く女性の本音」を知るキャリアカウンセラーが教える、女性社員との仕事の仕方	690円	G 254-1
武士の娘 日米の架け橋となった鉞子《えつこ》とフローレンス	内田義雄	世界的ベストセラー『武士の娘』の著者・杉本鉞子と協力者フローレンスの友情物語	840円	G 255-1
誰も戦争を教えられない	古市憲寿	社会学者が丹念なフィールドワークとともに考察した「戦争」と「記憶」の現場をたどる旅	850円	G 256-1

＊印は書き下ろし・オリジナル作品

表示価格はすべて本体価格(税別)です。本体価格は変更することがあります

講談社+α文庫 Ⓖビジネス・ノンフィクション

*印は書き下ろし・オリジナル作品

絶望の国の幸福な若者たち
古市憲寿
「なんとなく幸せ」な若者たちの実像とは? メディアを席巻し続ける若き論客の代表作!
780円 G 256-2

今起きていることの本当の意味がわかる 戦後日本史
福井紳一
歴史を見ることは現在を見ることだ! 伝説の駿台予備学校講義「戦後日本史」を再現!
920円 G 257-1

しんがり 山一證券 最後の12人
清武英利
'97年、山一證券の破綻時に最後まで闘った社員たちの物語。講談社ノンフィクション賞受賞作
900円 G 258-1

奪われざるもの SONY「リストラ部屋」で見た夢
清武英利
『しんがり』の著者が描く、ソニーを去った社員たちの誇りと再生。静かな感動が再び!
800円 G 258-2

日本をダメにしたB層の研究
適菜収
いつから日本はこんなにダメになったのか? ──「騙され続けるB層」の解体新書
630円 G 259-1

Steve Jobs スティーブ・ジョブズ I
ウォルター・アイザックソン 井口耕二 訳
あの公式伝記が文庫版に。第1巻は幼少期、アップル創設と追放、ピクサーでの日々を描く
850円 G 260-1

Steve Jobs スティーブ・ジョブズ II
ウォルター・アイザックソン 井口耕二 訳
アップルの復活、iPhoneやiPadの誕生、最期の日々を描いた終章も新たに収録
850円 G 260-2

ソトニ 警視庁公安部外事二課 シリーズ1 背乗《はいの》り
竹内明
狡猾な中国工作員と迎え撃つ公安捜査チームの死闘。国際諜報戦の全貌を描くミステリ
800円 G 261-1

完全秘匿 警察庁長官狙撃事件
竹内明
初動捜査の失敗、刑事・公安の対立、日本警察史上最悪の失態はかくして起こった!
880円 G 261-2

僕たちのヒーローはみんな在日だった
朴一
なぜ出自を隠さざるを得ないのか? コリアンパワーたちの生き様を論客が語り切った!
600円 G 262-1

表示価格はすべて本体価格(税別)です。本体価格は変更することがあります

講談社+α文庫 Ⓖビジネス・ノンフィクション

書名	著者	内容	価格	番号
誘蛾灯 二つの連続不審死事件	青木 理	上田美由紀、35歳。彼女の周りで6人の男が死んだ。木嶋佳苗事件に並ぶ怪事件の真相！	880円	G 272-1
宿澤広朗 運を支配した男	加藤 仁	天才ラガーマン兼三井住友銀行専務取締役。日本代表の復活は彼の情熱と戦略が成し遂げた！	720円	G 273-1
巨悪を許すな！ 国税記者の事件簿	田中周紀	東京地検特捜部・新人検事の参考書！ 伝説の国税担当記者が描く実録マルサの世界！	880円	G 274-1
南シナ海が〝中国海〟になる日 中国海洋覇権の野望	ロバート・D・カプラン 奥山真司 訳	米中衝突は不可避となった！ 中国による新帝国主義の危険な覇権ゲームが始まる	920円	G 275-1
打撃の神髄 榎本喜八伝	松井 浩	イチローよりも早く1000本安打を達成した、神の域を見た伝説の強打者、その魂の記録。	820円	G 276-1
電通マン36人に教わった36通りの「鬼」気くばり	ホイチョイ・プロダクションズ	博報堂はなぜ電通を超えられないのか。努力しないで気くばりだけで成功する方法	460円	G 277-1
映画の奈落 完結編 北陸代理戦争事件	伊藤彰彦	公開直後、主人公のモデルとなった組長が殺害された映画をめぐる迫真のドキュメント！	900円	G 278-1
誘拐監禁 奪われた18年間	ジェイシー・デュガード 古屋美登里 訳	11歳で誘拐され、18年にわたる監禁生活から救出された女性の全米を涙に包んだ感動の手記！	900円	G 279-1
真説 毛沢東 上 誰も知らなかった実像	ユン・チアン ジョン・ハリデイ 土屋京子 訳	建国の英雄か、恐怖の独裁者か。『ワイルド・スワン』著者が暴く20世紀中国の真実！	1000円	G 280-1
真説 毛沢東 下 誰も知らなかった実像	ユン・チアン ジョン・ハリデイ 土屋京子 訳	『ワイルド・スワン』著者による歴史巨編、閉幕！ 〝建国の父〟が追い求めた超大国の夢は――	1000円	G 280-2

＊印は書き下ろし・オリジナル作品

表示価格はすべて本体価格(税別)です。本体価格は変更することがあります

講談社+α文庫 Ⓖビジネス・ノンフィクション

タイトル	著者	内容	価格	番号
ドキュメント パナソニック人事抗争史	岩瀬達哉	なんであいつが役員に？ 名門・松下電器の凋落は人事抗争にあった！ 驚愕の裏面史	630円	G 281-1
メディアの怪人 徳間康快	佐高信	ヤクザで儲け、宮崎アニメを生み出した。夢の大プロデューサー、徳間康快の生き様！	720円	G 282-1
靖国と千鳥ケ淵 A級戦犯合祀の黒幕にされた男	伊藤智永	「靖国A級戦犯合祀の黒幕」とマスコミに叩かれた男の知られざる真の姿が明かされる！	1000円	G 283-1
君は山口高志を見たか 伝説の剛速球投手	鎮勝也	阪急ブレーブスの黄金時代を支えた天才剛速球投手の栄光、悲哀のノンフィクション	780円	G 284-1
*二人のエース 広島カープ弱小時代を支えた男たち	鎮勝也	「お荷物球団」「弱小暗黒時代」……そんな、カープに一筋の光を与えた二人の投手がいた	660円	G 284-2
ひどい捜査 検察が会社を踏み潰した	石塚健司	なぜ検察は中小企業の7割が粉飾する現実に目を背け、無理な捜査で社長を逮捕したか？	780円	G 285-1
ザ・粉飾 暗闘オリンパス事件	山口義正	調査報道で巨額損失の実態を暴露。ジャーナリズムの真価を示す経済ノンフィクション！	650円	G 286-1
マルクスが日本に生まれていたら	出光佐三	出光とマルクスは同じ地点を目指していた！ "海賊とよばれた男"が、熱く大いに語る	500円	G 287-1
完全版 猪飼野少年愚連隊 奴らが哭くまえに	黄民基	真田山事件、明友会事件――昭和三十年代、かれらもいっぱしの少年愚連隊だった！	720円	G 288-1
サ道 心と体が「ととのう」サウナの心得	タナカカツキ	サウナは水風呂だ！ 鬼才マンガ家が実体験から教える、熱と冷水が織りなす恍惚への道	750円	G 289-1

*印は書き下ろし・オリジナル作品

表示価格はすべて本体価格(税別)です。本体価格は変更することがあります

講談社+α文庫 Ⓖビジネス・ノンフィクション

書名	著者	内容	価格・番号
ピストルと荊冠 〈被差別〉と〈暴力〉で大阪を背負った男・小西邦彦	角岡伸彦	ヤクザと部落解放運動活動家の二足のわらじをはいた〝極道支部長〟小西邦彦伝	740円 G 299-1
テロルの真犯人 日本を変えようとするものの正体	加藤紘一	なぜ自宅が焼き討ちに遭ったのか？「最強最良のリベラル」が遺した予言の書	700円 G 300-1
*院内刑事	濱嘉之	ニューヒーロー誕生！患者の生命と院内の平和を守る院内刑事が、財務相を狙う陰謀に挑む	630円 G 301-1
田舎のパン屋が見つけた「腐る経済」 タルマーリー発、新しい働き方と暮らし	渡邉格	マルクスと天然麹菌に導かれ、「田舎のパン屋」へ。働く人と地域に還元する経済の実践	790円 G 302-1
「オルグ」の鬼 労働組合は誰のためのものか	二宮誠	労働運動ひと筋40年、伝説のオルガナイザーが「労働組合」の表と裏を本音で綴った	780円 G 303-1
*裏切りと嫉妬の「自民党抗争史」	浅川博忠	角福戦争、角栄と竹下、YKKと小沢など、40年間の取材メモを元に描く人間ドラマ	750円 G 304-1
参謀の甲子園 横浜高校 常勝の「虎ノ巻」	小倉清一郎	横浜高校野球部を全国屈指の名門に育て上げた指導法と、緻密な分析に基づく「小倉メモ」	690円 G 305-1
マウンドに散った天才投手	松永多佳倫	野球界に閃光のごとき強烈な足跡を残した伊藤智仁ら7人の男たちの壮絶な戦いのドラマ	850円 G 306-1
*殴られて野球はうまくなる!?	元永知宏	いまでも野球と暴力の関係は続いている。暴力なしにチームが強くなる方法はないのか？	720円 G 308-1
実録 頭取交替	浜崎裕治	権謀術数渦巻く地方銀行を舞台に繰り広げられる熾烈な権力抗争。まさにバンカー最前線！	800円 G 309-1

*印は書き下ろし・オリジナル作品

表示価格はすべて本体価格（税別）です。本体価格は変更することがあります